ESTUDIO BÍBLICO CATÓLICO DE LIBROS LIGUORI

Cartas *de* san Pablo I

LA VIDA NUEVA EN CRISTO JESÚS Y LOS DONES DEL ESPÍRITU SANTO

P. WILLIAM A. ANDERSON, DMIN, PHD, Y JUAN RENDÓN-REYES

LIBROS LIGUORI

Imprimi Potest
Harry Grile, CSsR, Provincial
Provincia de Denver, los Redentoristas

Imprimatur: "Conforme al C.827, el Reverendísimo Edward M. Rice, obispo auxiliar de St. Louis, concedió el Imprimátur para la publicación de este libro el 3 de diciembre de 2013. El Imprimátur es un permiso para la publicación que indica que la obra no contiene contradicciones con las enseñanzas de la Iglesia Católica, sin embargo no implica aprobación de las opiniones que se expresan en la obra. Con este permiso no se asume ninguna responsabilidad".

Publicado por Libros Liguori, Liguori, Missouri 63057
Pedidos al 800-325-9521 o visite liguori.org

Library of Congress Cataloging-in-Publication Data on file

p ISBN 978-0-7648-2384-8
e ISBN 978-0-7648-6917-4

Los textos de la Escritura que aparecen en este libro han sido tomados de la *Biblia de Jerusalén* versión latinoamericana © 2007, Editorial Desclée de Brower. Usada con permiso. Todos los derechos reservados.

Libros Liguori, una organización sin fines de lucro, es un apostolado de los Padres y Hermanos Redentoristas. Para más información, visite Redemptorists.com

Impreso en los Estados Unidos de América
22 21 20 18 / 5 4 3 2
Primera edición

Diseño de la portada: Pam Hummelsheim
Imágen de la portada: iStockphoto

Índice

DEDICATORIA

Esta serie está dedicada con amor a la memoria de mis padres, Kathleen y Angor Anderson, en agradecimiento por lo que han compartido con quienes los conocen, especialmente conmigo y con mis hermanos.

WILLIAM A. ANDERSON

Esta humilde contribución para la propagación del mensaje de Pablo la dedico a mi esposa Anna por su incondicional amor y apoyo y a las sonrisas de Dios en nuestro hogar: Sophia, Antonio, Victoria y Marianna. Ellos me han enseñado en su manera propia "cual es la anchura y la longitud, la altura y la profundidad, y conocer el amor de Cristo, que excede a todo conocimiento, y se llenen de toda la plenitud de Dios." (Efesios 3,18–19).

JUAN RENDÓN-REYES

RECONOCIMIENTOS

Los estudios bíblicos y las reflexiones como las que figuran en este texto dependen de la ayuda de otras personas que leyeron el manuscrito e hicieron algunas sugerencias. De manera especial estoy en deuda con la Hermana Anne Francis Bartus, CSJ, cuya vasta experiencia y conocimiento fueron muy útiles en orden a llevar esta serie a su forma final.

WILLIAM A. ANDERSON

Doy gracias a Libros Liguori por la invitación a contribuir en el conocimiento de la Palabra de Dios.

Gracias por la oportunidad brindada y por el apoyo y paciencia por parte del equipo editorial.

JUAN RENDÓN-REYES

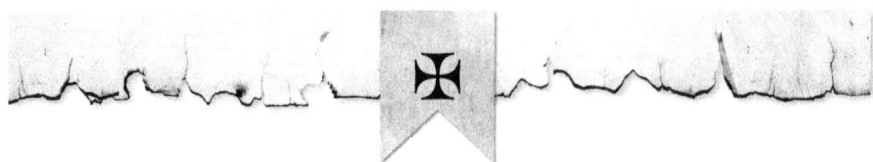

Introducción al
Estudio Bíblico de Libros Liguori

LEER LA BIBLIA puede intimidar a algunos. Es un libro complejo y muchas personas de buena voluntad que han tratado de leer la Biblia, terminaron dejándola totalmente confundidos. Por ello, ayuda tener un compañero de viaje y el *Estudio Bíblico de Libros Liguori* es uno confiable. En los diversos libros de esta colección, vas a aprender sobre el contenido de la Biblia, sobre sus temas, personajes y acontecimientos, y aprenderás también cómo los libros de la Biblia surgieron por la necesidad de salir al paso de nuevas situaciones.

A lo largo de los siglos, los creyentes se han preguntado: ¿dónde está Dios en este momento? Millones de católicos se vuelven a la Biblia en busca de aliento para su camino de fe. La prudencia nos aconseja no emprender un estudio de la Biblia por nosotros mismos, desconectados de la Iglesia que recibió la Escritura para compartirla y custodiarla. Cuando se utiliza como una fuente para la oración y atenta reflexión, la Biblia cobra vida.

Tu decisión de adoptar un programa para el estudio de la Biblia debe estar dictada por lo que esperas encontrar en él. Uno de los objetivos del Estudio Bíblico de Libros Liguori es dar a los lectores una mayor familiaridad con la estructura de la Biblia, con sus temas, personajes y mensaje. Pero eso no es suficiente. Este programa también te enseñará a usar la Escritura en tu oración. El mensaje de Dios es tan importante y tan urgente en nuestros días como entonces, pero solo nos beneficiaremos del mensaje si lo memorizamos y conservamos en nuestras mentes. Está dirigido a toda la persona en sus esferas física, emocional y espiritual.

Nuestro bautismo nos introduce a la vida en Cristo y estamos hoy llamados a vivir más unidos a Cristo en la medida en que practicamos los valores de la justicia, la paz, el perdón y la vida en la comunidad. La nueva alianza de Dios fue escrita en los corazones del pueblo de Israel; nosotros, sus descendientes espirituales, somos amados por Dios de una forma igualmente íntima. El Estudio Bíblico de Libros Liguori te acercará más a Dios, a cuya imagen y semejanza fuiste creado.

Estudio en grupo e individual

La colección de libros del Estudio Bíblico de Libros Liguori está orientada al estudio y la oración en grupo o de forma individual. Esta colección te da las herramientas para comenzar un grupo de estudio. Reunir a dos o tres personas en una casa o avisar de la reunión del grupo de estudio de la Biblia en una parroquia o comunidad puede dar resultados sorprendentes. Cada lección del Estudio Bíblico contiene una sección para ayudar a los grupos a estudiar, reflexionar y orar, y compartir con otros sus reflexiones bíblicas. Cada lección contiene también una segunda sección para el estudio individual.

Mucha gente que quiere aprender más sobre la Biblia no sabe por dónde empezar. Esta colección les da un punto de partida y les ayuda a seguir adelante hasta que se familiarizan con todos sus libros.

El estudio de la vida puede ser un proyecto tan largo como la misma vida, que enriquece siempre a todos los que quieren ser fieles a la Palabra de Dios. Cuando la gente completa un estudio de toda la Biblia, puede empezar otra vez, haciendo nuevos descubrimientos cada vez que se adentra de nuevo en la Palabra de Dios.

.

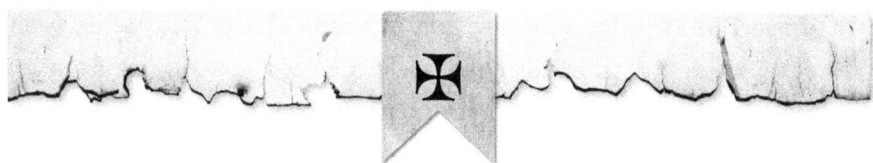

Lectio divina (Lectura sagrada)

EL ESTUDIO BÍBLICO no consiste únicamente en adquirir conocimientos intelectuales de la Biblia; también tiene que ver con adquirir una mayor comprensión del amor de Dios y una mayor preocupación por la Creación. El fin de leer y conocer la Biblia es enriquecer nuestra relación con Dios. Dios nos ama y nos dio la Biblia para enseñarnos ese amor. En su discurso de 12 de abril de 2013 ante la Pontificia Comisión Bíblica, el Papa Francisco subrayó que "la vida y misión de la Iglesia se fundan en la Palabra de Dios que es el alma de la teología y al mismo tiempo inspira toda la vida cristiana".

El significado de *lectio divina*

Lectio divina es una expresión latina que significa "lectura sagrada o divina". El proceso para la *lectio divina* consiste en leer la Escritura, reflexionar y orar. Muchos clérigos, religiosos y laicos usan la *lectio divina* en su lectura espiritual, todos los días, para desarrollar una relación más cercana y amorosa con Dios. Aprender sobre la Sagrada Escritura tiene como finalidad llevar a la vida personal su mensaje, lo cual requiere un periodo de reflexión sobre los pasajes de la Escritura.

Oración y *lectio divina*

La oración es un elemento necesario para la práctica de la *lectio divina*. Todo el proceso de lectura y reflexión es en el fondo una oración, no es un esfuerzo puramente intelectual; es también espiritual. En la página

17 se ofrece una oración introductoria para reunir los propios pensamientos antes de abordar los diversos pasajes de cada sección. Esta oración se puede decir en privado o en grupo. Para los que usan el libro en su lectura espiritual de todos los días, la oración para cada apartado puede repetirse todos los días. También puede ser de utilidad llevar un diario de las meditaciones diarias.

Ponderar la Palabra de Dios

La *lectio divina* es la antigua práctica espiritual de los cristianos de leer la Sagrada Escritura con una intencionalidad y con devoción. Esta práctica les ayuda a centrarse y bajar a su corazón para entrar en un espacio íntimo y silencioso donde pueden encontrar a Dios.

Esta lectura sagrada es distinta de la lectura para adquirir conocimientos o información, y es más que la práctica piadosa de la lectura espiritual. Es la práctica de abrirnos a la acción e inspiración del Espíritu Santo. Mientras nos concentramos de forma consciente y nos hacemos presentes al significado íntimo del pasaje de la Escritura, el Espíritu Santo ilumina nuestras mentes y corazones. Llegamos al texto queriendo ser transformados por un significado más profundo que se encuentra en las palabras y pensamientos que estamos ponderando.

En este espacio nos abrimos a los retos y a la posibilidad de ser cambiados por el significado íntimo de la Escritura que experimentamos. Nos acercamos al texto con espíritu de fe y con obediencia, como un discípulo deseoso de ser instruido por el Espíritu Santo. A medida que saboreamos el texto sagrado, abandonamos la actitud controladora que quiere decir a Dios cómo debe actuar en nuestras vidas y rendimos nuestro corazón y nuestra conciencia a la acción de lo divino (*divina*) a través de la lectura (*lectio*).

El principio fundamental de la *lectio divina* nos lleva a entender mejor el profundo misterio de la encarnación, "La Palabra se hizo carne", no solo en la historia, sino también en nosotros mismos.

Rezar la *lectio* en nuestros días

Relaja tu cuerpo y mantén una postura de oración (sentado con la espalda recta, ojos cerrados, ambos pies en el piso). Ahora sigue estos cuatro sencillos pasos:

1. Lee un pasaje de la Escritura o las lecturas de la Misa del día. Esta parte se llama *lectio* (si la Palabra de Dios se lee en voz alta, quienes escuchan deben hacerlo atentamente).
2. Ora usando el pasaje de la Escritura elegido mientras buscas un significado específico para ti. Una vez más, la lectura se escucha y se lee en silencio para ser reflexionada o meditada. Esto se conoce como meditatio.
3. El ejercicio ahora se vuelve activo. Toma una palabra, frase o idea que aflore al estar considerando el texto elegido. ¿Esa lectura te recuerda alguna persona, lugar o experiencia? Si es así, haz oración pensando en ello. Concentra tus pensamientos y reflexiones en una sola palabra o frase. Este "pensamiento-oración" te ayudará a evitar las distracciones durante la *lectio*. Este ejercicio se llama oratio.
4. En silencio, con tus ojos cerrados, tranquilízate y hazte consciente de tu respiración. Deja que tus pensamientos, sentimientos y preocupaciones se desvanezcan mientras consideras el pasaje seleccionado en el paso anterior (la oratio). Si estás distraído, usa tu "pensamiento-oración" para volver al silencio y quietud. Esta es la contemplatio.

Puedes dedicar a este ejercicio tanto tiempo como desees, pero en el contexto de este Estudio Bíblico, de 10 a 20 minutos deberían ser suficientes.

Muchos maestros de oración llaman a la contemplación "orar descansado en Dios", y la ven como el preámbulo del perderse a sí mismo en la presencia de Dios. La Escritura se convierte en nuestra oyente mientras oramos y permitimos a nuestros corazones unirse íntimamente con el Señor. La Palabra realmente se hace carne, pero en esta ocasión se manifiesta en nuestra propia carne.

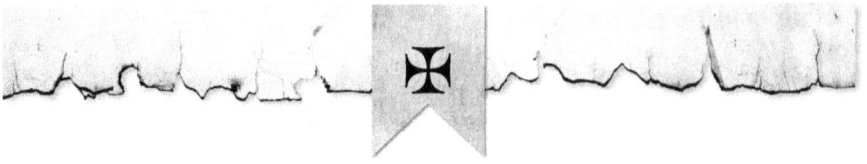

Cómo utilizar
el estudio bíblico

LA BIBLIA, junto con los comentarios y reflexiones que aparecen en este estudio, ayudarán a los participantes a familiarizarse con los textos de la Escritura y los llevará a reflexionar con mayor profundidad en el mensaje de los mismos. Al final de este estudio los participantes contarán con un sólido conocimiento delas Cartas a los Romanos, Gálatas, Corintios y filipenses y se darán cuenta de su enorme aportación como inspiración espiritual. El estudio no es solo una aventura intelectual, sino también espiritual. Las reflexiones guían a los participantes en su propio caminar por las Escrituras.

Contexto

Cuando Pablo escribió las Cartas a los Romanos, Gálatas, Corintios y filipenses, las situó en un contexto muy definido. Las cartas nos presentan su respuesta pastoral a situaciones que se estaban dando en las comunidades de Roma, Galacia, Corinto y Filipos. Tales comunidades necesitaban una respuesta clara por parte del apóstol. Para ayudarle al lector de este estudio, cada lección comienza con un breve resumen del contexto de los pasajes de la Escritura que se van a estudiar. De esta manera el lector podrá situar los textos de estudio y reflexión en su contexto original.

Nota: Los textos de la Escritura de este libro y de todo el Estudio Bíblico están tomados de la edición en línea de Biblia de Jerusalén, versión latinoamericana © 2007, Editorial Desclée de Brower. Usada con permiso.

Visión general del libro

Este libro se divide en diez capítulos y ofrece una visión global y comprensiva de las Cartas a los Romanos, a los Gálatas, a los Corintios y a los Filipenses. Cada lección tiene un título y se divide en dos partes prácticamente iguales. Por ejemplo, el título de la primera lección es "La justicia de Dios y la justificación por la fe". La primera parte de la lección se dedica a Romanos 1:1–3; 20 y la segunda a Romanos 3:21–5:21. El estudio en grupo incluye varios ejercicios de *lectio divina*, que los mismos participantes pueden elegir, de acuerdo con sus necesidades e intereses.

Si el grupo decide hacer la *lectio divina* se deben de reunir por una hora y media y utilizar el formato proporcionado en la página 9. Se pueden reunir también por espacio de una hora, si el grupo decide no hacer *lectio divina* comunitaria pueden utilizar el formato proporcionado en la página 17. Si deciden no hacer *lectio divina* comunitaria se le recomienda a cada participante hacer el ejercicio en privado. Al final de la parte 1 de cada lección se proporciona una guía para hacer la *lectio divina* de manera individual.

Deseamos que el mensaje de Pablo contenido en las Cartas a los Romanos, Gálatas, Corintios y filipenses te ayude a vivir tu fe cada vez con más entusiasmo. Que las palabras del Apóstol sean un verdadero motor para tu crecimiento espiritual y para conocer cada vez más al Verbo Encarnado, Cristo Jesús.

UN MÉTODO PARA LA *LECTIO DIVINA*

Libros Liguori ha diseñado este estudio para que sea fácil de usar y aprovechar. De cualquier forma, las dinámicas de grupo y los líderes pueden variar. No tratamos de controlar la labor del Espíritu Santo en ustedes, por eso les sugerimos que decidan de antemano qué metodología funciona mejor para su grupo. Si están limitados de tiempo, pueden hacer el estudio en grupo y hacer la oración y la reflexión después, individualmente.

De cualquier forma, si tu grupo desea ahondar en la Sagrada Escritura y celebrarla a través de la oración y el estudio, les recomendamos dedicar alrededor de noventa minutos cada semana para reunirse, de forma que puedan estudiar y orar con la Escritura. La *lectio divina* (ve la página 9) es una antigua forma de oración contemplativa que lleva a los lectores a encontrarse con el Señor usando el corazón y no solo la cabeza. Recomendamos vivamente usar este tipo de oración tanto en el estudio individual como en el de grupo.

METODOLOGÍAS PARA EL ESTUDIO EN GRUPO

1. Estudio bíblico con *lectio divina*

Alrededor de noventa minutos

- ✠ Reunirse y recitar la oración introductoria (3 -5 minutos)
- ✠ Leer el pasaje de la Escritura en voz alta (5 minutos)
- ✠ Lectura en silencio del comentario y preparación para discutirlo en grupo (3-5 minutos)
- ✠ Discutir el pasaje de la Escritura junto con el comentario y la reflexión (30 minutos)
- ✠ Leer el pasaje de la Escritura en voz alta por segunda vez seguido de un momento de silencio para la meditación y contemplación personal (5 minutos)
- ✠ Dedicar un poco de tiempo a orar usando el pasaje elegido. Los miembros del grupo leerán lentamente el pasaje de la Escritura por tercera vez, atentos a la voz de Dios mientras leen (10-20 minutos)
- ✠ Compartir con los demás las propias reflexiones (10-15 minutos)
- ✠ Oración final (3-5 minutos)

2. Estudio bíblico

Alrededor de una hora

- ✠ Reunirse y recitar la oración introductoria (3 -5 minutos)
- ✠ Leer el pasaje de la Escritura en voz alta (5 minutos)
- ✠ Lectura en silencio del comentario y preparación para discutirlo en grupo (3-5 minutos)

✠ Discutir el pasaje de la Escritura junto con el comentario y la reflexión (40 minutos)

✠ Oración final (3-5 minutos)

Notas para el líder

✠ Lleva una copia de la Biblia de Jerusalén versión latinoamericana © 2007, Editorial Desclée de Brower u otra que te ayude.

✠ Haz un programa con las lecciones que verán cada semana.

✠ Prelee el material antes de cada clase.

✠ Establece algunas normas escritas básicas (por ejemplo: las clases duran solo noventa minutos; no se puede acaparar el diálogo discutiendo o polemizando, etc.).

✠ Ten las clases en un lugar apropiado y acogedor (algún salón en la parroquia, una sala de reuniones o una casa).

✠ Usen gafetes con los nombres de los participantes y organiza alguna actividad en la primera clase para romper el hielo; pide a los participantes que se presenten al grupo.

✠ Pon separadores en los pasajes de la Escritura que van a leer durante la sesión.

✠ Decide cómo quieres que se lea la Escritura en voz alta durante las clases (uno o varios lectores).

✠ Usa un reloj de pared o de pulso.

✠ Ten algunas Biblias extra (o fotocopias de los pasajes de la Escritura) para aquellos participantes que no lleven Biblia.

✠ Pide a los participantes que lean "Introducción: las Cartas a los Romanos y a los Gálatas" (página 18) o "Introducción: las Cartas a los Corintios y a los Filipenses" (página 86) antes de la primera sesión.

✠ Di a los participantes qué pasajes van a estudiar y motívalos a leerlos antes de la clase; también invítalos a leer el comentario.

✠ Si optas por utilizar la metodología con *lectio divina*, familiarízate tú primero con esta forma de orar. Hazlo con antelación.

Notas para los participantes

✠ Lleva tu propia copia de la Biblia de Jerusalén, versión latinoamericana © 2007, Editorial Desclée de Brower u otra que te ayude.

✠ Lee "Introducción: las Cartas a los Romanos y a los Gálatas" (página 18) o "Introducción: las Cartas a los Corintios y a los Filipenses" (página 86) antes de la clase.

✠ Lee los pasajes de la Escritura y el comentario antes de cada sesión.

✠ Prepárate para compartir tus reflexiones con los demás y para escuchar las opiniones de los otros con respeto (no es un momento para discutir o hacer un debate sobre determinados aspectos de la fe).

Oración inicial

Líder: Dios mío, ven en mi auxilio,

Respuesta: Señor, date prisa en socorrerme.

Líder: Gloria al Padre, y al Hijo, y al Espíritu Santo,

Respuesta: como era en el principio ahora y siempre por los siglos de los siglos. Amén.

Líder: Cristo es la vid y nosotros los sarmientos. Como sarmientos unidos a Jesús, la vid, estamos llamados a reconocer que las Escrituras siempre se han cumplido en nuestras vidas. Es la Palabra viva de Dios que vive en nosotros. Ven Espíritu Santo, llena los corazones de tus fieles y enciende en nosotros el fuego de tu divina sabiduría, conocimiento y amor.

Respuesta: Abre nuestras mentes y corazones mientras aprendemos sobre el gran amor que nos tienes y que nos muestras en la Biblia.

Lector: (Abre tu Biblia en el texto de la Escritura asignado y léelo con calma y atención. Haz una pausa de un minuto, buscando aquella palabra, frase o imagen que podrías usar durante la *lectio divina*).

Oración final

Líder: Oremos como Jesús nos enseñó.

Respuesta: Padre Nuestro...

Líder: Señor, ilumínanos con tu Espíritu mientras estudiamos tu Palabra en la Biblia. Quédate con nosotros este día y todos los días, mientras nos esforzamos por conocerte y servirte, y por amar como Tú amas. Creemos que a través de tu bondad y amor, el Espíritu del Señor está verdaderamente sobre nosotros. Permite que las palabras de la Biblia, tu Palabra, tomen posesión de nosotros y nos animen a vivir como Tú vives y a amar como Tú amas.

Respuesta: Amén.

Líder: Que el auxilio divino permanezca siempre con nosotros.

Respuesta: En el nombre del Padre, y del Hijo, y del Espíritu Santo. Amén.

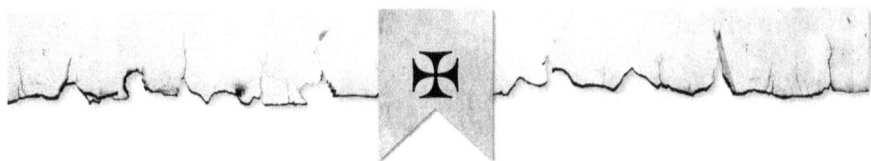

Las Cartas a los Romanos y a los Gálatas

Leer esta sinopsis de la carta antes de comenzar la clase.

Las cartas de Pablo

En el Nuevo Testamento hay veintiuna cartas de las cuales catorce son atribuidas a Pablo. La mayoría de los estudiosos coinciden en que varias de estas cartas no fueron escritas por Pablo, sino por algunos de sus discípulos. Aunque estas cartas no fueron escritas por Pablo, los autores han plasmado el espíritu de Pablo en ellas porque son fieles a su mensaje. Son siete las cartas que la mayoría de los estudiosos acepta como auténticamente paulinas, esas cartas son: Romanos, Gálatas, 1 y 2 Corintios, Filipenses, 1 Tesalonicenses y Filemón. A lo largo de este Estudio Bíblico distinguiremos entre las cartas escritas por Pablo y aquellas escritas por discípulos suyos, pero que a través de los siglos han sido atribuidas a san Pablo.

A través de sus cartas, Pablo aplicó el mensaje y vida de Jesús a la Iglesia. Pablo responde a las problemáticas dominantes de la Iglesia, después de la resurrección y ascensión de Jesús. Cada carta responde a cuestiones y discordias concretas que se presentaban en cada una de las comunidades que él dirigía. Pablo no nos presenta, en sus cartas, un tratado de Teología Sistemática. Sin embargo, sus escritos incluyen un gran número de temas teológicos, que han influido en el quehacer teológico en la Iglesia hasta el tiempo presente.

En el Nuevo Testamento, las cartas de Pablo están ordenadas de acuerdo con la longitud de cada carta, desde Romanos –la más larga–, hasta Filemón –la más corta–. La Carta a los Romanos está considerada como una de las más significativas debido a su extensión. Esta carta hace una exhortación sobre la justicia de Dios y sobre el amor que viene de Dios a través de Jesucristo. La Carta a los Romanos nos presenta la obra magna de Pablo ya que en ella podemos ver la gran magnitud del plan de salvación de Dios en Jesucristo. Romanos es la carta más estudiada por los especialistas y, al mismo tiempo, la más difícil de desglosar.

El autor de la Carta a los Romanos

Debido a que la Carta a los Romanos expresa de manera muy clara la teología y el estilo literario de Pablo, ninguno de los estudiosos ha dudado de que esta carta sea verdaderamente de Pablo. La Carta a los Romanos nos presenta la madurez del pensamiento de Pablo sobre el misterio de la salvación en Jesucristo. A diferencia de las otras cartas, Romanos nos presenta a un Pablo más tranquilo, más mesurado y racional. A pesar de que el mensaje en Romanos es similar al de Gálatas, Pablo se dirige a una comunidad que fue fundada por otros misioneros. La gran mayoría de los cristianos en Roma no conocía a Pablo personalmente, solo habían oído de él.

La carta de Pablo a los Romanos

La carta de Pablo a los romanos, más que una carta, es un tratado de su pensamiento teológico. En este tratado, Pablo nos presenta su visión teológico-práctica del misterio de la salvación de una manera más sistemática que en las otras cartas. Escribe de manera más estructurada para responder a cuestiones presentadas por la comunidad cristiana de Roma. Hace un compendio de la fe cristiana y exhorta a vivir según el Espíritu que hemos recibido en Cristo Jesús. Esta es la más densa y larga de todas sus cartas y también, muy probablemente, su última carta.

Los destinatarios

Con excepción de esta carta, Pablo escribió todas sus cartas a comunidades fundadas por él mismo. Es de resaltar que Pablo nunca visitó Roma, sino hasta que fue llevado prisionero. Sin embargo, tuvo conocimiento de la gran fe y las preocupaciones de esa comunidad a través de noticias e informes que le dieron quienes ahí habían estado. Esto nos dice que Pablo conocía a personas que vivían en Roma al momento de escribir la carta. En sus saludos finales se dirige y manifiesta su aprecio a Prisca y Aquila, a quienes llama "colaboradores míos en Cristo Jesús" y agrega, "ellos expusieron sus cabezas para salvarme" (Rom 16:3). Pablo también envía saludos a más personas que viven en Roma. El hecho de conocer a muchas personas que trabajaban en la obra de Cristo, demuestra que la comunidad de Roma era muy numerosa.

La situación de los cristianos de Roma cambió a la par que la capital del imperio cambiaba. Los judíos-cristianos (judíos convertidos a Cristo) fueron muy probablemente el grupo original que llevó el mensaje de Jesús a Roma. Durante el tiempo de los Apóstoles, hubo judíos conversos al cristianismo y estos conversos creían con absoluta convicción que aquellos que aceptaban a Jesús como Mesías también debían aceptar las leyes y rituales judíos. Los conversos del judaísmo no fueron los únicos en seguir a Cristo en el primer siglo, también hubo muchos gentiles que empezaban a creer que Jesús era el Mesías.

Comenzó a haber en Roma conflictos amargos entre los judíos que aceptaban a Jesús como el Mesías y aquellos que no lo aceptaban y llegaron a su punto máximo alrededor del año 49. Un historiador romano llamado Suetonio escribió que el emperador Claudio, debido al conflicto entre los judíos, decretó un edicto expulsándolos a todos de Roma. Según Suetonio, los judíos debían ser expulsados por su relación con un tal "Chrestus" que obviamente es una referencia a Jesucristo. Debido a que los romanos no podían distinguir entre judíos que aceptaban a Cristo y judíos que no, el edicto afectó a todos.

Alrededor del año 54, tras la muerte de Claudio, Nerón se convierte en emperador y permite el regreso de los judíos a Roma. El regreso de los judíos a la ciudad provocó un conflicto diferente. Los gentiles conversos al cristianismo estuvieron por más de cuatro años libres de la influencia de los judíos-cristianos que querían imponerles sus leyes y rituales. Un choque de creencias tuvo lugar ya que ambos bandos se mantuvieron firmes en sus convicciones. Los gentiles cristianos, no solo se mantuvieron firmes en no seguir las leyes y rituales judíos, sino que también empezaron a ver con menosprecio la Ley Mosaica, a verla como innecesaria. La carta de Pablo sale al paso de esta situación.

Fecha de la carta

A pesar de ser la primera de las cartas según el orden canónico en el Nuevo Testamento, esta no es la primera carta de Pablo. Pablo escribe su carta a los romanos desde Grecia, muy probablemente desde Corinto, entre los años 56 y 58 (véase Hch 20:2-3). La fecha probable de la carta se puede deducir por circunstancias que se describen en la misma carta. Como se mencionó anteriormente, el emperador Claudio expulsó a los judíos de Roma alrededor del año 49; pero Pablo envía saludos a dos judíos conversos de nombre Prisca y Aquila, que muy probablemente fueron expulsados y regresaron después de que Nerón fuera emperador.

En Hechos 20:3 podemos ver que, a finales de su tercer viaje misionero, con la colecta lista para ser llevada a Jerusalén, Pablo permanece en Grecia por unos tres meses. Debido a que había tenido gran éxito en su misión en Corinto, es muy probable que allí haya permanecido. Durante este tiempo Pablo ya estaba haciendo preparativos para hacer otro viaje misionero, una vez entregada la colecta en Jerusalén, un viaje que muy probablemente incluía Roma y España. Si tomamos las fechas probables del viaje de Pablo a Jerusalén, entonces podemos decir que esta carta fue escrita alrededor del año 57.

Estructura de la Carta a los Romanos

La condición humana

Después de una breve introducción en la cual Pablo se presenta a sí mismo y su misión, el Apóstol describe la condición de la humanidad tal como era antes de la venida de Cristo. Pablo exhorta, tanto a los judíos como a los gentiles, a abandonar toda idolatría y a servir al Dios vivo. Los judíos, a quienes se les había confiado la Ley Mosaica, se les comunica que serán juzgados según la ley, mientras que los gentiles serán juzgados según la ley natural. El espíritu interior es el que cuenta tanto para judíos como para gentiles. Pablo declara que todos están bajo el dominio del pecado.

La fe en Jesucristo

La justificación es tanto para judíos como para gentiles, no por méritos de la ley o el conocimiento sino por medio de la fe. Es un don que Dios da gratuitamente a través de Jesucristo. Dado que Dios escogió a Abrahán y a sus descendientes antes de que existiera la ley, Pablo utiliza a Abrahán para mostrar cómo alguien puede ser justificado por la fe. Para el cristiano, la justificación de Dios viene por medio de Cristo. Así como la muerte entró por la ofensa de un hombre y todos los hombres fueron afectados, de igual manera el don de la salvación vino por un hombre, Jesucristo, para la salvación de todos. Este don viene como resultado de la fe y no por méritos personales.

A través del bautismo, el cristiano muere al pecado y entra en la vida nueva en unión con Jesucristo. En vez de vivir bajo el poder y la esclavitud del pecado, el cristiano ahora vive en la justicia de Dios. Esta vida nueva nos da el espíritu de adopción que hace al cristiano heredero con Cristo. Toda la Creación, que estaba sujeta al pecado, ahora tiene una nueva esperanza. Pablo afirma que, debido al gran amor de Dios por todos nosotros, nada puede separarnos de ese amor.

La fidelidad de Dios

Dios es siempre fiel. Al igual que Dios escogió a Israel como su pueblo elegido, escoge también a los cristianos como "hijos de Dios" (Rom 8:14). La misericordia de Dios se extiende a los gentiles por su gran fe. Pablo les recuerda a los cristianos que ellos pertenecen al cuerpo de Cristo y que ya no viven para sí mismos. Deben ofrecerse como un sacrificio vivo a Dios. Pablo los exhorta a que se amen los unos a los otros y a sus enemigos; el amor lleva la ley a cumplimiento. Este amor le ayuda al cristiano a evitar escandalizar a los más débiles, aun cuando él sepa que lo que hace le está permitido. Los cristianos deben vivir una vida de perfecta armonía y aceptación de los demás. Pablo concluye su carta con un mensaje sobre sus planes de viaje y envía un saludo a los que viven en Roma.

La carta de Pablo a los Gálatas

Originalmente el área llamada Galacia incluía el área norte-central de Asia Menor. En el año 25 a.C. Roma convierte a Galacia en una provincia romana. En ese tiempo, anexa también otros territorios al sur de Galacia: Pisidia, Listra y Derbe. Todos estos territorios son mencionados en los Hechos de los Apóstoles. Es difícil determinar si la carta de Pablo estaba dirigida al territorio de Galacia de la parte norte o de la parte sur. La dificultad para identificar a los destinatarios trae consigo la dificultad para establecer la fecha en que fue escrita. Durante su primer viaje misionero, Pablo visitó Antioquía en Pisidia (Hch 13:14) localizada en la parte sur de Galacia. Durante su segundo y tercer viaje misionero, Pablo visitó un área llamada Galacia (Hch 16:6 y 18:23). Esta referencia a Galacia en los Hechos se refiere a la parte norte de la provincia, la antigua Galacia. A final de cuentas, la mayor parte de los biblistas opina que la carta fue escrita entre los años 49 y 54 d.C.

La ocasión de la Carta a los Gálatas

Pablo dirige su carta a las personas que había convertido del paganismo en uno de sus viajes misioneros. En esta carta escribe sobre la justificación por la fe en Jesús y no por las obras de la ley (Gal 2:16). Pablo confronta a aquellos que enseñaban que la libertad en Cristo significaba libertad para hacer lo que quisieran, lo cual incluía acciones pecaminosas. Pablo enseña sobre el valor del sacrificio de Cristo en la cruz y sobre cómo los cristianos eran por fin libres del yugo de la Ley Mosaica.

Cuando Pablo fundó la iglesia en Galacia, enseñó a los conversos sobre la superioridad de la fe en Cristo sobre la ley. Sin embargo, después de que dejó Galacia, el pueblo aceptó un Evangelio diferente presentado por los judaizantes. Los judaizantes predicaban que las prácticas y los rituales de la Ley Mosaica, los cuales incluían la circuncisión, debían ser agregados al mensaje de Pablo. Los judaizantes retaron la autoridad de Pablo como apóstol. Alegaban que no había estado con Jesús y que su mensaje era contrario al mensaje original de este. Acusaron a Pablo de no enseñar la importancia de la circuncisión para la salvación en Cristo.

El propósito de Pablo en su carta a los gálatas era confirmar su enseñanza como auténtica y rechazar el regreso a las prácticas de la Ley Mosaica y la circuncisión. Su enojo hacia los gálatas se debió a que, una vez que habían aceptado su enseñanza, se habían dejado seducir por las enseñanzas erróneas de los judaizantes. El tono de esta carta es de un padre que se dirige a sus hijos para regañarlos y volverlos a educar.

Estructura de la Carta a los Gálatas

Lealtad al Evangelio

Pablo expresa su gran enojo por la manera tan fácil en que los gálatas olvidaron lo que él les enseñó. Les habla de manera clara y les vuelve a presentar el Evangelio que una vez les predicó.

La defensa de Pablo

Pablo respalda sus enseñanzas con su testimonio personal, con su vida antes de su conversión. También defiende su enseñanza al decir que tiene la aprobación de la Iglesia en Jerusalén. Afirma que la persona es justificada, no por la ley de Moisés, sino por la fe en Jesús.

La fe y la libertad

Pablo se enoja con los gálatas por aceptar otras enseñanzas que no eran las suyas. Él les enseñó sobre la libertad que viene de no acatar la ley de Moisés. Cristo es el cumplimiento de la promesa de la ley. Les ruega no tirar su libertad a la basura.

Vivir como cristiano

Pablo les recuerda sobre la libertad que ahora tienen gracias a su fe en Cristo. Se trata de una libertad por vivir en el Espíritu de Dios, el cual les ayuda a evitar todo tipo de pecado. Todo aquel que no vive según el Espíritu es separado de la comunidad por un periodo de tiempo para que pueda arrepentirse y después volver a esta.

La justicia de Dios y la justificación por la fe

ROMANOS 1–5

"Pues no me avergüenzo del Evangelio, que es fuerza de Dios para la salvación de todo el que cree: del judío primeramente y también del griego" (Rom 1:16).

Oración inicial (ver página 17)

El contexto

Pablo se presenta como el servidor de Cristo Jesús ante la comunidad de Roma. Es llamado a ser apóstol para anunciar la Buena Nueva de Dios. Habla de su gran deseo de visitarlos para compartir con ellos la fe que tienen en común. No se avergüenza de la Buena Nueva que manifiesta la justicia de Dios, que libera exclusivamente por la fe. También habla sobre la situación de la humanidad culpable. Argumenta que la razón es capaz de conocer al Dios invisible, su poder eterno y su divinidad a través de sus obras. Los seres humanos rechazaron al Dios eterno aun después de conocerlo. No reconocieron a Dios y se entregaron a su mente depravada. Por lo tanto, los seres humanos no tienen excusa. Así como los hombres juzgan a los hombres, Dios los juzgara a ellos. Cuando los paganos que no tienen la ley, cumplen espontáneamente lo que exige la ley, demuestran que llevan la exigencia de la ley grabada en su corazón.

✠ Pablo, por otra parte, hace una severa crítica sobre la situación de los judíos y la ley. Ellos tienen y saben lo que dice la ley, pero desafortunadamente no la practican. Para Pablo el verdadero judío lo es interiormente, la verdadera circuncisión es la del corazón según el Espíritu y no según la ley escrita. Sin embargo, a pesar de que tanto paganos como judíos han pecado, Dios es siempre fiel. Dios se muestra fiel aunque todos los seres humanos no lo sean. En conclusión, para Pablo no hay ningún honrado o sensato que busque a Dios, todos se han extraviado y perdido. Las exigencias de la ley, tanto la que se lleva escrita en el corazón como la ley que está escrita, se dirigen a los súbditos de la ley. Como nadie puede cumplirla, todo el mundo queda sometido al juicio de Dios, de tal manera "nadie será justificado ante él por las obras de la ley, pues la ley no da sino el conocimiento del pecado" (Rom 3:20) y desafortunadamente nadie es capaz de cumplir la totalidad de la ley.

PARTE 1: ESTUDIO EN GRUPO (ROM 1:1–3:20)

Leer Romanos 1:1–3:20 en voz alta

1:1–7: Pablo, el servidor de Cristo Jesús

Pablo es el servidor de Cristo Jesús y ha sido llamado a ser apóstol para anunciar la Buena Nueva. Dios lo ha escogido a él y Pablo se ve a sí mismo como otro profeta de Israel, ya que Dios, según las Escrituras de Israel, escogía y consagraba a sus profetas desde el vientre materno. Se llama a sí mismo siervo de Dios, al igual que los profetas del Antiguo Testamento. Con este título Pablo expresaba que Dios es tan grande que todos se deben ver a sí mismos como esclavos o siervos de Dios. El núcleo principal de su mensaje es Jesucristo que ha nacido en la carne, del linaje de David y que ha sido constituido Hijo de Dios por el Espíritu Santo.

Jesucristo ha recibido todo poder a partir de su resurrección; Él es el Señor. Pablo afirma con absoluta convicción que por medio de Jesucristo recibe el don de ser apóstol para comunicar el mensaje de salvación, por medio de la obediencia de la fe. Su llamado no vino de otros seres humanos, sino de Dios mismo, cuando Jesucristo se le apareció en el camino a Damasco. Dios lo ha separado de manera especial para comunicar su mensaje de salvación. El Evangelio que Pablo predica es Cristo Jesús; la Buena Nueva de Dios es Jesucristo, una persona. Jesucristo es el Evangelio que Dios prometió por medio de sus profetas.

1:8-15: Acción de gracias

Pablo da gracias a Dios, a través de Jesucristo, por la fe de los romanos. Los romanos habían aceptado la fe y su buena fama ya era conocida en las demás iglesias que Pablo había visitado. Dado que Roma era la capital del mundo civilizado, la conversión de sus ciudadanos era de gran importancia para todo el pueblo cristiano. La conversión que habían tenido y la profundidad de esa conversión era lo que se comentaba en otras comunidades cristianas. Pablo da gracias por el hecho de que los romanos acogieron la fe.

Pablo les informa que desea visitarlos pronto para fortalecerlos y animarlos en la fe que profesan. Quiere compartir algunos dones espirituales con ellos: el don espiritual de su predicación de Jesucristo. Les explica que el Evangelio contiene el gran poder de Dios, ya que lleva a todos los creyentes a la salvación. Los judíos, por la alianza con Dios como pueblo escogido, son los primeros destinatarios de la Buena Nueva. Y después los gentiles reciben esta Buena Nueva porque la invitación a la salvación no es solo para el pueblo judío sino para todo el que tenga fe en Jesucristo.

Pablo, a lo largo de su carta, va a hablar de la justificación. La justificación significa una relación justa y correcta con Dios, es la aceptación de la gracia de Dios que no depende de ningún mérito personal. Aunque la persona obre de manera que cumpla con el llamado del amor de Dios, Dios no está obligado a darle absolutamente nada. La salvación es un don de Dios, un regalo. Por tanto, la justificación tiene su origen en Dios mismo. La revelación de esa justificación viene a todos nosotros a través del Evangelio y se recibe en la fe. Ese Evangelio de Dios es Jesucristo; por medio de Él podemos ser justificados.

1:16–32: La Buena Nueva y la humanidad culpable

Pablo no se avergüenza de la Buena Nueva ya que esta misma es, en la fuerza divina, salvación para todo el que cree en Jesucristo. La Buena Nueva presenta la justicia de Dios que nos libera exclusivamente por la fe. La Buena Nueva anuncia y denuncia las culpas de la humanidad. La humanidad que puede conocer a Dios a la luz de la razón, ha decidido no reconocerlo. El Dios invisible y eterno puede ser conocido por medio de sus obras en la naturaleza; este es el conocimiento natural de Dios. Los que no lo reconocen no tienen excusa ya que han preferido sus propios razonamientos, se han perdido en su mente ignorante.

Los sabios del mundo prefirieron adorar imágenes de criaturas en vez de adorar al Dios incorruptible. Se han dejado dominar por sus malos deseos y han cambiado la verdad de Dios por la mentira. Vivir en la mentira los ha llevado a toda clase de depravaciones y han hecho lo que no es debido. Como consecuencia, se han llenado de injusticias, maldades, codicias, envidias y toda clase de enemistad con Dios. Aunque conocen el veredicto de Dios, que declara dignos de muerte a los que viven de esa manera, no practican lo que Dios aprueba, sino que aprueban las maldades que otros cometen. Según Pablo, ellos han cerrado su corazón y su mente, y han pecado de orgullo y soberbia.

2:1–16: El juicio de Dios

Para Pablo los paganos no tienen excusa para no ser culpables. Ya que en el acto de juzgar a otros ellos mismos se condenan porque hacen lo mismo que condenan en otros. Los sabios de este mundo no pueden librarse del juicio de Dios. La bondad de Dios quiere llevarlos al arrepentimiento de lo que han hecho, sin embargo, han cerrado sus mentes y sus corazones. Están preparando su castigo para el día del juicio de Dios; ese día es cuando cada uno pagará según sus obras. Dios dará la vida eterna a los que, perseverando en las buenas obras, buscan la gloria, el honor y la inmortalidad. En cambio, serán castigados con la ira y la violencia todos los que han decidido desobedecer a la verdad y obedecen a la injustica.

En el día del Señor habrá grandes tribulaciones, honor y gloria, primero para el judío y después para el griego. Pablo afirma que Dios no hace diferencias y los paganos serán juzgados según sus propios actos. Los que pecaron sin tener la ley, sin la ley perecerán y los que pecaron bajo la ley, según la ley serán juzgados. Los paganos, cuando cumplen la ley, muestran tener la ley grabada en su corazón; su propia conciencia los acusa o disculpa. Sin embargo, esto sucede hasta el día en que por medio de la Buena Nueva y Cristo Jesús, Dios juzgará lo que hay oculto en el ser humano.

2:17–29: Los judíos y la ley

En este texto Pablo se dirige a los judíos que se sienten orgullosos de su conocimiento de la ley y de ser llamados el pueblo elegido de Dios. Estos judíos creen tener un conocimiento íntimo de la voluntad de Dios. Debido a su conocimiento de la ley, creen poder guiar a los ciegos hacia la luz. Su conocimiento de la ley les hace creer que pueden instruir a los más simples. Pablo confronta a estos judíos que se creen conocedores de la ley de Dios, pero ellos mismos no se instruyen en ella, no la practican. Estos conocedores de la ley predican aquello que ellos mismos no pueden cumplir. Si se sienten tan orgullosos de la ley –Pablo les pregunta–, ¿por qué deshonran a Dios quebrantando la ley? Es por culpa de ellos, Pablo los acusa, que el nombre de Dios es blasfemado entre todas las naciones.

Por último Pablo aborda el tema de la circuncisión. Afirma que la circuncisión es útil si cumplen la ley; pero, si quebrantan la ley, esa misma circuncisión los deja incircuncisos. Pablo afirma con toda autoridad que los que no están circuncidados, pero guardan los preceptos de la ley serán tenidos como verdaderos circuncisos. Para Pablo la verdadera circuncisión no consiste en una señal en la carne; la verdadera circuncisión es interior, está en el corazón, según el Espíritu y no la ley escrita. A los que viven de tal manera les corresponde el reconocimiento de Dios.

3:1–8: Dios es fiel

Pablo ahora procede a su explicación sobre la eterna fidelidad de Dios. Pablo hace las preguntas, ¿qué ventaja tiene el judío?, ¿para qué le sirve la circuncisión? Según Pablo, las ventajas son muchas y en todos los aspectos. Dios ha confiado su palabra viva a los judíos; Dios ha establecido una alianza con ellos donde ha prometido fidelidad total. A pesar de la maldad humana, Dios siempre se mostrará fiel. La belleza de Dios radica en que Él no puede quebrantar sus promesas. Dios jamás puede retractarse de sus propias palabras. Las culpas de los seres humanos hacen resaltar la gran justicia de Dios y esa justicia de Dios es Jesucristo. Nuestra falsedad hace resaltar la gran fidelidad de Dios; a pesar de nuestras culpas, Dios nos sigue amando hasta el punto de re-establecer su alianza con todos nosotros.

3:9–20: Todos son pecadores

Pablo vuelve a hacer la pregunta sobre las ventajas que tienen los judíos. Afirma que tienen ventajas pero no en todo, ya que tanto paganos como judíos están sometidos al pecado. Pablo apela a las Escrituras para sacar su conclusión final, "no hay quien sea justo, ni siquiera uno. No hay un sensato, no hay quien busque a Dios"(Rm 3:10). Pablo argumenta que tanto paganos como judíos han rechazado a Dios, ninguno es justo ya que se han extraviado y pervertido. La imagen que Pablo nos presenta, es la de una persona que ha perdido completamente el temor de Dios y el sentido de justicia. A final de cuentas el propósito de la ley no era el traer la justificación (estar en una relación correcta y justa con Dios mismo), sino hacernos saber lo que es el pecado. Pablo aplica la ley escrita y no escrita tanto a paganos como a judíos, ya que ambos han fallado en vivir de manera correcta.

Preguntas de reflexión:

1. Pablo se llama a sí mismo "siervo de Cristo Jesús", ¿de qué maneras eres tú siervo de Cristo Jesús?
2. Si una persona nunca ha sido instruida sobre quién es Dios, ¿de qué maneras puede esta persona saber que Dios existe? ¿Ha dudado usted alguna vez de la existencia de Dios? Si así ha sido, ¿cómo superó esa duda?
3. Pablo habla de la gran maldad que existe en el mundo, ¿de qué maneras se manifiesta el pecado en el mundo actual?

4. Pablo afirma que la ley de Dios está inscrita en el corazón del ser humano, ¿conoce usted a personas que obran de manera correcta sin tener una vida de fe?
5. ¿Es necesario que exista el mal en el mundo para poder darnos cuenta del amor de Dios? ¿Por qué sí o por qué no?

Oración final (ver página 17)

La oración final se dice antes o después de la *lectio divina*.

Lectio divina (ver página 9)

Relaja tu cuerpo y mantén una postura de oración (sentado, ojos cerrados, ambos pies en el piso). Este ejercicio puede tomar el tiempo que sea necesario. En el contexto de este estudio de Biblia, de diez a veinte minutos son suficientes. El propósito de la *lectio divina* es ayudarte a entrar en la dinámica de la oración y contemplación de la Palabra de Dios, que puedas entablar un diálogo con Dios en lo más íntimo de tu corazón. Ve la página 9 para más instrucciones.

Pablo, el servidor de Cristo Jesús (1:1–7)

Lectura: Amigo y amiga, en este texto Pablo se presenta como el siervo de Cristo Jesús. Afirma que ha sido llamado a ser apóstol y elegido para anunciar (proclamar) la Buena Nueva de Dios. Jesucristo ha sido constituido por el Espíritu Santo Hijo de Dios con poder a partir de su resurrección; Él es nuestro Señor. Por medio de él recibimos la gracia del apostolado para que toda persona responda con la obediencia de la fe para gloria de su nombre.

Meditación: ¿Qué te dice a ti el texto bíblico en este día? Déjate examinar por el texto, no son palabras del pasado sino del presente. Piensa en tu vida en este momento, ¿crees que puedas identificarte como un siervo fiel del Señor? El Señor llamó a Pablo para anunciar su Evangelio de salvación, para ser portador de la Buena Nueva de Dios. ¿Qué has hecho de tu vida hasta este momento? ¿Se la estás dedicando al Señor? Si todavía no lo has hecho como quisieras, ¿qué es lo que te impide hacerlo?

Oración: ¿Qué le vas a decir al Señor como respuesta a su Palabra? Ofrécele este momento. Ofrécele tus penas y tus alegrías, y pídele la gracia para ser un mejor siervo suyo. Guarda un momento de silencio y después, junto con todos los demás, ora:

Señor, ayúdame a ser un mejor siervo tuyo,

no dejes que las preocupaciones del mundo me hagan apartar mi vista de ti,

ayúdame a ser más generoso para compartir el gran amor que me has dado.

Tómame como soy...Señor Jesucristo, en ti confío.

Contemplación: ¿Qué conversión de la mente, del corazón y de tu vida te pide el Señor? Amigo y amiga, ¡dale tu mente, tu corazón y tu vida al Señor! Solo Él sabe lo que hay en tu corazón, ¡no tengas miedo! **Amigo y amiga, ¿qué acción o acciones vas a emprender hoy para poner en práctica este mensaje?**

La humanidad culpable (1:19–32)

Lectura: Amigo y amiga, en este texto Pablo afirma que el Dios invisible y eterno puede ser conocido por medio de sus obras en la naturaleza. Los que no lo reconocen no tienen excusa ya que han preferido sus propios razonamientos, se han perdido en su mente ignorante, se han dejado dominar por sus malos deseos y han cambiado la verdad de Dios por la mentira. Como consecuencia se han llenado de injusticias, maldades, codicias, envidias y toda clase de enemistad con Dios.

Meditación: ¿Qué te dice a ti el texto bíblico en este día? Déjate examinar por el texto, no son palabras del pasado sino del presente. ¿Ha habido ocasiones cuando has negado la existencia de Dios? Si así fue, ¿qué te motivó a tener tal actitud? Muchas veces nos damos por vencidos cuando todo a nuestro alrededor parece ser tan negativo. Sentimos que no podemos más y queremos arrojar la toalla, nos sentimos solos. El autor y amo de la mentira nubla nuestra mente y nuestro corazón, y nos dejamos llevar por sus engaños. ¿Nos seguimos sintiendo culpables de nuestras acciones? ¿Qué mensaje nos daría Pablo en este momento?

Oración: ¿Qué le vas a decir al Señor como respuesta a su Palabra? Señor, ayúdame a no dejarme seducir por el mal que me rodea. Dame la fuerza para perseverar y no dejar que el señor de la mentira me trate de apartar de ti. Guarden un momento de silencio y después todos juntos oren:

Señor Jesucristo, Señor de la vida,

dame la luz necesaria para no caer.

Que las injusticias del mundo no causen que pierda mi confianza en ti,

Ayúdame a seguir viendo tu luz…Señor Jesucristo, en ti confío.

Contemplación: ¿Qué conversión de la mente, del corazón y de tu vida te pide el Señor? Amigo y amiga, ¡dale tu mente, tu corazón y tu vida al Señor! Solo Él sabe lo que hay en tu corazón, ¡no tengas miedo!

Amigo y amiga, ¿qué acción o acciones vas a emprender hoy para poner en práctica este mensaje?

Dios es fiel (3:1–8)

Lectura: Amigo y amiga, en este texto Pablo afirma que a pesar de la maldad humana Dios siempre se mostrará fiel. La belleza de Dios radica en que Él no puede quebrantar sus promesas; las culpas de los seres humanos hacen resaltar la justicia de Dios y la justicia de Dios es Jesucristo. Nuestra falsedad hace resaltar la gran fidelidad de Dios.

Meditación: ¿Qué te dice a ti el texto bíblico en este día? Déjate examinar por el texto, no son palabras del pasado sino del presente. San Juan dice que la luz brilla en la oscuridad ya que la oscuridad no es más fuerte que la luz. Si nuestra falsedad hace resaltar la gran justicia de Dios, ¿a qué le vamos a temer? Piensa por un momento en el don tan grande que Dios nos ha hecho en Jesucristo, nuestra justicia. Dios te ama tanto que ajusticia a su propio Hijo para mantener su promesa al pueblo escogido. ¿Qué te dice este mensaje hoy?

Oración: ¿Qué le vas a decir al Señor como respuesta a su Palabra? Señor Dios, bendito y eterno, ayúdame a ver el verdadero sentido de la justicia como Tú la ves. Dame la fuerza para ser fiel al amor que me has tenido. Guarden un momento de silencio y después todos juntos oren:

Dios Padre eterno, refugio mío,

renuevo ante ti y esta comunidad mi fiel obediencia a ti.

Dame la gracia para siempre caminar por tus senderos...

Señor Jesucristo, en ti confío.

Contemplación: ¿Qué conversión de la mente, del corazón y de tu vida te pide el Señor? Amigo y amiga, ¡dale tu mente, tu corazón y tu vida al Señor! Solo Él sabe lo que hay en tu corazón, ¡no tengas miedo!

Amigo y amiga, ¿qué acción o acciones vas a emprender hoy para poner en práctica este mensaje?

PARTE 2: ESTUDIO PERSONAL (ROM 3:21–5:21)

Día 1: La revelación de la justicia de Dios (3:21-31)

Este es el mensaje principal de toda la predicación de Pablo: la justicia de Dios se revela en la muerte y resurrección de Jesús. Esta justicia salva por la fe en Jesucristo. Debido a que todos han pecado, todos están privados de la presencia de Dios. Sin embargo, son perdonados sin merecerlo porque Cristo Jesús los ha rescatado. Dios ha destinado a Cristo Jesús a ser con su sangre el instrumento de expiación para los que creen en él. Dios muestra su justicia al pasar por alto (*la pascua*) todos los pecados cometidos en el pasado y toda su justicia en el tiempo presente, siendo justo y haciendo justos a los que creen en Jesús. ¿Es esto a consecuencia de la ley? En ningún modo, afirma Pablo, es por la ley de la fe en Jesucristo. Por tanto, el ser humano es justificado por la fe, independientemente de las obras de la ley. El Dios único y eterno justifica tanto a judíos como a paganos en Jesucristo.

Lectio divina

Siguiendo los pasos de la *lectio*, dedica entre ocho y diez minutos en silencio a meditar, orar y contemplar el siguiente pasaje:

> Todos pecaron y están privados de la gloria de Dios —y son justificados por el don de su gracia, en virtud de la redención realizada en Cristo

Jesús, a quien exhibió Dios como instrumento de propiciación por su propia sangre, mediante la fe (Rom 3:23–25).

Amigo y amiga, ¿qué acción o acciones vas a emprender hoy para poner en práctica este mensaje?

Día 2: El ejemplo de Abrahán (4:1–12)

Pablo, con la Escritura en la mano, prueba sus argumentos remontándose a Abrahán, la figura central del pueblo judío. Pablo utiliza el ejemplo de Abrahán para defender su enseñanza sobre la justificación por la fe y no por las obras. Abrahán creyó en la promesa de Dios antes de ser circuncidado, esto es lo que le fue tenido en cuenta para su justificación. Más adelante, como señal de la justicia de Dios, recibió la circuncisión. Y siglos después llegó la ley de Moisés. De este modo –y solo de este modo– Abrahán queda constituido como padre de ambos, tanto judíos como gentiles. Los gentiles son justificados por su fe sin estar circuncidados. Los judíos también son justificados por seguir las huellas de Abrahán, pueden creer sin estar circuncidados ya que Abrahán creyó sin haber sido circuncidado.

Lectio divina

Siguiendo los pasos de la *lectio*, dedica entre ocho y diez minutos en silencio a meditar, orar y contemplar el siguiente pasaje:

> Así también David proclama bienaventurado al hombre a quien Dios le tiene en cuenta la justicia independientemente de las obras: Bienaventurados aquellos cuyas maldades fueron perdonadas, y cubiertos sus pecados. Dichoso el hombre a quien el Señor no le tiene en cuenta el pecado (Rom 4:6–8).

Amigo y amiga, ¿qué acción o acciones concretas vas a emprender hoy para poner en práctica este mensaje?

Día 3: La promesa de una descendencia (4:13–25)

Pablo trata de rescatar la paternidad universal de Abrahán. La rescata de todos los límites nacionalistas a que había sido reducida por el pueblo judío en razón de la ley y la circuncisión. Abrahán es patriarca de Israel y patriarca universal de todos los que creen. La promesa de Dios fue que Abrahán sería el padre de una gran multitud, más numerosa que las estrellas del cielo. Pablo afirma que la descendencia de Abrahán heredaría el mundo por el mérito de la fe. La promesa ha de basarse en la fe como don y de este modo la promesa es válida para todos los descendientes de Abrahán, tanto para judíos como para gentiles. Abrahán es padre de todos nosotros a los ojos de Dios; ya que él creyó en Aquel que da vida a todo. Abrahán es modelo de fe porque, cuando ya no había ninguna esperanza, siguió creyendo; su fe no vaciló cuando su cuerpo ya no tenía vigor y Sara era estéril. Estaba convencido de que Dios podía cumplir lo prometido. Pablo se basa en la Escritura para argumentar que el ejemplo de fe de Abrahán no es solo para él, sino también para todos nosotros. Nosotros, los que creemos que Dios resucitó de la muerte a Jesús. Jesús resucitó para hacernos justos.

Lectio divina

Siguiendo los pasos de la *lectio*, dedica entre ocho y diez minutos en silencio a meditar, orar y contemplar el siguiente pasaje:

El cual, esperando contra toda esperanza, creyó y fue hecho padre de muchas naciones (Rom 4:18).

Amigo y amiga, ¿qué acción o acciones vas a emprender hoy para poner en práctica este mensaje?

Día 4: La nueva justicia (5:1–11)

Este capítulo marca una transición entre el lenguaje jurídico a otro más ético, pasamos del tema de la justicia divina al tema del amor. Ahora Pablo se dirige a la comunidad cristiana que ha recibido la salvación por la fe. Pablo explica en qué consiste la justificación que poseemos como un don gratuito del amor de Dios por Jesucristo. Los temas de la paz y la esperanza son los ejes de su comprensión de la nueva justicia de Dios. Pablo afirma que ahora que los romanos han sido justificados por la fe, están en paz con Dios, por medio de Jesucristo, el Señor. Solo por Jesucristo se alcanza la gracia y se puede estar orgulloso esperando la gloria de Dios. El discípulo de Cristo se gloría en las tribulaciones, ya que estas producen la paciencia. De esta paciencia sale la fe firme y de la fe firme brota la esperanza. La esperanza viene del amor de Dios y este amor ha sido derramado en nuestros corazones por el don del Espíritu Santo.

Lectio divina

Siguiendo los pasos de la *lectio*, dedica entre ocho y diez minutos en silencio a meditar, orar y contemplar el siguiente pasaje:

"En efecto, cuando todavía estábamos sin fuerzas, en el tiempo señalado, Cristo murió por los impíos; —en verdad, apenas habrá quien muera por un justo; por un hombre de bien tal vez se atrevería uno a morir—; mas la prueba de que Dios nos ama es que Cristo, siendo nosotros todavía pecadores, murió por nosotros" (Rom 5:6–8).

Amigo y amiga, ¿qué acción o acciones vas a emprender hoy para poner en práctica este mensaje?

Día 5: Comparación entre Adán y Cristo (5:12–21)

En los primeros capítulos de esta carta, Pablo nos presentó la condición y estado de la humanidad, una humanidad esclava del pecado. Adán, el primer ser humano, es el nombre propio del origen de esta humanidad. Sobre él carga la responsabilidad de introducir en el mundo el pecado y la muerte; él ha dejado esta trágica herencia a todos sus descendientes. Esta herencia no es como una maldición sobre todos nosotros, sino como un patrimonio ratificado y confirmado por nuestros propios pecados personales. Nuestros propios pecados señalan una realidad abrumadora: la existencia del mal.

Pablo afirma que, así como por un hombre entró el pecado en el mundo y por el pecado la muerte, así también la muerte se extendió a toda la humanidad ya que todos pecaron. En consecuencia, si por el delito de un solo hombre reinó la muerte, con mayor razón, por medio de un solo hombre, Jesucristo, reinarán y vivirán los que reciben abundantemente la gracia y el don de la justicia. Por el acto de justicia de uno solo, Jesucristo, también esta justicia se extiende a todos para conceder la vida. Por la obediencia de Jesús todos son justos y por su muerte y resurrección entra la gracia que da la vida eterna.

Lectio divina

Siguiendo los pasos de la *lectio*, dedica entre ocho y diez minutos en silencio a meditar, orar y contemplar el siguiente pasaje:

> En efecto, si por el delito de uno reinó la muerte por un hombre ¡con cuánta más razón los que reciben en abundancia la gracia y el don de la justicia, reinarán en la vida por uno, por Jesucristo! (Rom 5:17).

Amigo y amiga, ¿qué acción o acciones vas a emprender hoy para poner en práctica este mensaje?

Preguntas de reflexión:

1. Dios ha destinado a Cristo Jesús a ser con su sangre el instrumento de expiación para los que creen en Él, ¿de qué forma ayuda esta afirmación a entender mejor la Eucaristía?
2. ¿De qué maneras te puede ayudar a crecer más en tu fe el ejemplo de Abrahán?
3. ¿Qué tipo de tribulaciones te han ayudado a fortalecer tu fe y tu esperanza?
4. ¿De qué maneras has experimentado el amor abrumador de Dios en Jesucristo?

La justificación, la vida cristiana; los judíos y los gentiles en el plan de Dios

ROMANOS 6–11

"Pues estoy seguro de que ni la muerte, ni la vida, ni los ángeles, ni los principados, ni lo presente, ni lo futuro, ni las potestades, ni la altura, ni la profundidad, ni otra criatura alguna podrá separarnos del amor de Dios manifestado en Cristo Jesús Señor nuestro" (Rom 8:38–39).

Oración inicial (ver página 17)

Contexto

Parte 1: Romanos 6:1–8:39: Pablo declara que a través de nuestro bautismo hemos muerto con Cristo y hemos resucitado a una nueva vida, tal como Jesús mismo sufrió, murió y resucitó al tercer día. Cristo es el que vive en nosotros. Por ello la muerte, que no tiene ningún poder sobre Jesús, ya no tiene poder sobre nosotros. Sin embargo, constantemente debemos estar preparados para vivir una vida en Cristo. Pablo se pregunta por qué hace él cosas malas que no quiere hacer. El espíritu desea lo que es justo pero la carne en momentos toma control sobre él. Solo Jesucristo puede librarlo del poder del mal; lo que la ley no puede hacer, el Hijo de Dios puede hacerlo. El Espíritu de Dios que resucitó a Jesús de entre los muertos está vivo dentro de nosotros. Aquellos que se dejan guiar por el Espíritu son hijos de Dios. El Espíritu nos ayuda en nuestras debilidades.

Parte 2: Romanos 9:1–11:35: Pablo parece estar rechazando su herencia judía. Sin embargo, él verdaderamente expresa su gran amor por el pueblo judío y no rechaza sus raíces. Pablo enseña que no todos los que se dicen herederos de Abrahán en la carne son verdaderos israelitas. Dios no los ha rechazado, son ellos los que han rechazado a Dios. Así como Dios escogió a Isaac en vez de a su hermano Ismael, y a Jacob en vez de a su hermano Esaú, así Dios puede escoger a quien quiere conceder una herencia espiritual. Solo aquellos que llaman a Dios con fe están acatando verdaderamente la ley de Dios. Pablo se cuestiona si Dios ha rechazado al pueblo elegido. Su respuesta es que Dios ha preservado a un "resto" de la misma manera que Dios preservó un "resto" durante el tiempo del profeta Elías. Por las culpas de los israelitas los gentiles han florecido. Como apóstol de los gentiles, Pablo se regocija en la fe de ellos, sin embargo, también los gentiles deben ser siempre conscientes de conservar el don recibido. Lo novedoso de la enseñanza de Pablo es la afirmación de que la misericordia de Dios se sirvió de los israelitas para llevar la fe a los gentiles. De la misma manera, la misericordia de Dios también puede utilizar a los gentiles para llevar la fe a los israelitas.

PARTE 1: ESTUDIO EN GRUPO (ROM 6:1–8:39)

Leer Romanos 6:1–8:39 en voz alta

6:1–11: Hemos muerto al pecado, ahora vivimos con Cristo

En este texto Pablo enseña lo que significa la vida nueva del cristiano. El cristiano se mueve en el ámbito de Dios y aquí ya no hay lugar para el pecado. Por el bautismo uno se une a Cristo en su muerte y su resurrección; el ser humano ha muerto para poder vivir. Los que han muerto al pecado ya no pueden seguir viviendo en él. En el bautismo hemos sido sepultados en la muerte de Cristo y así como Cristo resucitó de la muerte así nosotros también hemos resucitado a la vida nueva. Nuestra vieja condición humana fue crucificada con él y de esa manera se anula nuestra condición pecadora y dejamos de ser esclavos del pecado. Nuestra incorporación a Cristo ha comenzado en el bautismo.

6:12–23: La liberación del pecado nos hace siervos de Dios

Ahora Pablo nos enseña cómo, al ser liberados del pecado, pasamos a ser siervos de Dios. Pablo explica que, aun después de haber sido bautizado, el ser humano sigue expuesto al pecado, ya que vive en un cuerpo mortal. Pablo pide que no permitan que el pecado reine en sus cuerpos mortales, hay que rechazar todos los bajos deseos. Los exhorta a que se pongan a disposición de Dios, como personas que han resucitado de la muerte. El pecado ya no tiene dominio sobre ellos ya que ahora viven bajo la gracia al servicio de Dios. Les recuerda que anteriormente eran esclavos del pecado, pero gracias a Dios se sometieron de corazón a la enseñanza de la fe que recibieron. Pablo los anima a que ofrezcan sus miembros, su cuerpo mismo, al servicio de la justicia para su consagración personal. En el bautismo dejaron de ser esclavos, ahora son soldados de Cristo y reciben el don de Dios, la vida eterna.

7:1–6: La libertad de la ley

Pablo utiliza el matrimonio para hablar de la libertad de la ley. El matrimonio que unía a los judeo-cristianos con la ley ha quedado disuelto por una doble defunción. El esposo representa a la ley y la esposa representa al judío. Si se mira al esposo –la ley– este ha muerto por la acción de Cristo y por consiguiente, la esposa–el judío– queda libre para casarse con otro. La esposa –el judío, ahora cristiano– está también muerta por el bautismo y en su nueva vida ya no está ligada a su antiguo esposo, la ley. El bautismo la ha librado de la ley y esta es la nueva realidad del cristiano. Cristo resucitado es el nuevo esposo, el cristiano es la esposa y la unión fecunda entre ambos da frutos para Dios. Ya no vivimos bajo el instinto, sino servimos a Dios con un espíritu nuevo que es posible gracias a la muerte y resurrección de Cristo Jesús. Y nosotros participamos de esta realidad en el bautismo.

7:7-13: La condición pecadora, el pecado antes de la ley

Ahora Pablo pasa a enseñar puntos clave sobre el pecado antes de la ley. Esta enseñanza se puede considerar la parte más dramática de la carta. El carácter apasionado de Pablo se puede percibir en la manera en que describe la gravedad del pecado. Pablo enseña que la ley no es el pecado; es por medio de la ley que conocemos el pecado. El pecado se aprovecha de la ley para provocar todo tipo de maldades. El pecado pone en enemistad al ser humano con la ley, que en sí es buena, pero el pecado deforma el significado de la ley. La ley no manda pecar ya que la ley es justa y buena. La astucia de nuestra condición pecadora, personificada en el pecado, es capaz de deformar y corromper algo bueno, y transformarlo en algo que se parece al enemigo. El pecado se vale de algo bueno para llegar a la plenitud de su malicia. La ley en sí misma es buena, nos indica cuando hemos cometido una falta mínima o grave y sus consecuencias. La ley trata de dar un orden a nuestra vida, pero en sí misma no puede salvarnos.

7:14-23: Dominados por el pecado

Pablo explica ahora cómo somos dominados por el pecado. Las palabras de Pablo, en ocasiones, pueden encontrar eco en lo más profundo de nuestros corazones, "yo soy de carne, vendido al poder del pecado" (Rm 7:14). La fuerza del pecado es abrumadora y por momentos parece que nuestra capacidad ética y afectiva para hacer el bien es nula, "no hago lo que quiero, sino que hago lo que aborrezco" (Rm 7:15). Nuestro grito de desesperación y derrota ante el pecado es llamarnos desgraciados. Basta con mirar a nuestro alrededor, las noticias, el periódico y nuestras conversaciones. Al parecer no hay nada bueno en este mundo y es fácil perder la esperanza.

Sin embargo, la liberación de este mal es posible gracias a Dios por Jesucristo nuestro Señor. El pecado no tiene la última palabra sino Dios. Pablo ha presentado la raíz que une a todo el género humano en una solidaridad de culpa interior: la condición pecadora de la humanidad. El pecado ya no tiene esa fuerza abrumadora que antes tenía. Esta es la gran belleza de Dios, el habernos liberado de semejante esclavitud y tormento. Jesucristo ha vencido la muerte, la máxima expresión del dominio del pecado. Sí, el pecado es universal y a todos nos ata. Por tanto, de igual manera, la salvación universal ofrecida por Dios en Jesucristo es para todos.

8:1–17: Vida por el Espíritu

Pablo afirma que no hay condena para los que pertenecen a Cristo Jesús. Cristo nos ha regalado su Espíritu. El ser humano, abandonado a sus propias fuerzas, nunca sería capaz de vencer a un enemigo como el pecado. El aliado del ser humano, en y por Cristo, es el Espíritu Santo que ha puesto la victoria a nuestro alcance. La batalla contra el pecado continúa pero ya no estamos desamparados, la situación ha cambiado totalmente. Ya no estamos sujetos a la ley del pecado, sino a la ley del Espíritu que nos da vida, por medio de Cristo Jesús. La muerte y la resurrección de Jesús abren las puertas para la entrada del Espíritu de vida. Todos los que se dejan llevar por este Espíritu de Dios son hijos de Dios y si somos hijos de Dios, también somos herederos de Dios, coherederos con Cristo. Si hemos compartido la pasión de Cristo, entonces también compartiremos su gloria.

8:18–27: La esperanza de la gloria

Pablo habla de la gran esperanza del cristiano. Los sufrimientos que ahora tenemos jamás se podrán comparar con esa gran gloria que se ha de revelar en nosotros. Afirma que la humanidad espera ansiosamente que se revelen los hijos de Dios. Pablo coloca a toda la humanidad, a toda la Creación en el horizonte de la esperanza. Nuestro destino final es inseparable de toda la Creación de Dios. Un mundo donde reina la paz, la justicia y la integridad es lo que esperamos tanto los creyentes como los no creyentes. La humanidad entera ansía semejante destino final. Esta es la voluntad de Dios para todos nosotros. Esta es la esperanza que nos salva, una esperanza que no se ve, pero que el Espíritu Santo alienta dentro de cada uno de nosotros.

8:28–39: El amor de Dios

Pablo cierra este capítulo con un canto triunfal al amor que Dios y Cristo Jesús nos tienen. Este es uno de los pasajes más conmovedores de las cartas de Pablo, ya que manifiesta la profundidad inimaginable del gran amor de Dios. Pablo enseña que si Dios está con nosotros, ¿quién pude estar contra nosotros? Dios entregó a su propio Hijo por todos nosotros y Dios nos regaló todo en su Hijo. Si Dios nos absolvió de todo, ¿quién puede condenarnos? Nada nos puede apartar del amor de Cristo, que es el reflejo del amor de Dios. No hay amor más grande que el de Dios que se ha manifestado en Cristo Jesús que nos llama amigos. Dios nos ha predestinado y escogido en su Hijo para nuestra salvación; Dios quiere la salvación de todos sus hijos.

Preguntas de reflexión:

1. ¿De qué manera el creer en la pasión, muerte y resurrección de Jesucristo ha influido en tu vida?
2. Pablo enseña la realidad del bautismo. ¿Vives realmente como bautizado? ¿Conoces la fecha de tu bautismo? Si no, ¿ te gustaría investigarla?
3. ¿Qué piensas de la manera en que Pablo presenta la realidad del pecado?
4. Si es verdad que nada puede separarnos del amor de Dios, ¿por qué hay muchos cristianos tristes?
5. ¿De qué maneras puede la Iglesia comunicar a los no creyentes que Dios los ama y quiere su salvación?

Oración final (ver página 17)

Decir la oración final antes o después del ejercicio de *lectio divina*.

Lectio divina (ver página 9)

Relaja tu cuerpo y mantén una postura de oración (sentado, ojos cerrados, ambos pies en el piso). Este ejercicio puede tomar el tiempo que sea necesario. En el contexto de este estudio de Biblia, de diez a veinte minutos son suficientes. El propósito de la *lectio divina* es ayudarte a entrar en la dinámica de la oración y contemplación de la Palabra de Dios, que puedas entablar un diálogo con Dios en lo más íntimo de tu corazón. Ve la página 9 para más instrucciones.

Hemos muerto al pecado, ahora vivimos con Cristo (6:1–11)

Lectura: Amigo y amiga, por el bautismo nos unimos a Cristo en su muerte y resurrección. En el bautismo hemos sido sepultados con Cristo en la muerte y así como Cristo resucitó, así nosotros también hemos resucitado a la vida nueva. Nuestra vieja condición humana fue crucificada con él y de esa manera se anula nuestra condición pecadora y dejamos de ser esclavos del pecado. Nuestra incorporación a Cristo ha comenzado en el bautismo.

Meditación: ¿Qué te dice el texto bíblico en este día? Déjate examinar por el texto, no son palabras del pasado sino del presente. ¿Realmente creo yo que mi incorporación a Cristo ha comenzado en el bautismo? Si realmente lo creo, ¿vivo reflejando a Cristo? Cierra tus ojos y piensa por un momento en estas palabras, "en el bautismo he muerto con Cristo y he resucitado con Cristo, soy una criatura nueva". ¿Qué cosas me impiden vivir la vida nueva en Cristo?

Oración: ¿Qué le vas a decir al Señor como respuesta a su palabra? Pídele que te dé la fuerza para vivir como un bautizado. Guarden un momento de silencio y después todos juntos oren:

Señor Jesucristo, ayúdame a vivir mi bautismo,
dame la fortaleza para decir no a lo que no me permite vivir como criatura nueva.

Te doy mi cuerpo y mi alma para seas Tú el eje de mi vida,

Tú eres mi refugio y amparo… Señor, en ti confío.

Contemplación: ¿Qué conversión de la mente, del corazón y de la vida te pide el Señor? Amigo y amiga, ¡dale tu mente, tu corazón y tu vida al Señor! Solo él sabe lo que hay en tu corazón, ¡no tengas miedo!

Amigo y amiga, ¿qué acción o acciones vas a emprender hoy para poner en práctica este mensaje?

Dominados por el pecado (7:14–23)

Lectura: Amigo y amiga, la fuerza del pecado es tan abrumadora que por momentos parece que nuestra capacidad afectiva y efectiva para hacer el bien es nula: "no hago lo que quiero, sino que hago lo que aborrezco" (Rm 7:14). Me llamo a mí mismo desgraciado en mi propia desesperación y derrota ante el pecado. Sin embargo, reconozco que la liberación de este mal es posible gracias a Dios por Jesucristo nuestro Señor. El pecado no tiene la última palabra sino Dios.

Meditación: Ahora guarda un momento de silencio para meditar esta palabra que acabas de escuchar. ¿Qué te dice a ti el texto bíblico en este día? Déjate examinar por el texto, no son palabras del pasado sino del presente. Cuando me siento como todo un desgraciado, ¿qué es lo que hago con mi vida? Sé que trato de hacer el bien pero por más que me esfuerzo por hacer el bien parece que siempre hago el mal. Amigo, amiga, ¡Dios te llama a ser fiel! Dios conoce tu corazón, trata de no ser tan duro contigo mismo; pídele a Dios la gracia para perseverar.

Oración: ¿Qué le vas a decir al Señor como respuesta a su Palabra? En este momento pídele al Señor, en el silencio de tu corazón, lo que más necesitas. Guarden un momento de silencio y después todos juntos oren:

Dios Padre, eterno y misericordioso,

reconozco que soy muy débil pero también trato siempre de hacer el bien.

Dame el corazón de tu Hijo para obrar como Él,

dame la mente de tu Hijo para pensar como Él,

dame tu gracia, ya que para mí eso es lo que basta...Señor, en ti confío.

Contemplación: ¿Qué conversión de la mente, del corazón y de tu vida te pide el Señor? Amigo y amiga, ¡dale tu mente, tu corazón y tu vida al Señor! Solo Él sabe lo que hay en tu corazón, ¡no tengas miedo!

Amigo y amiga, ¿qué acción o acciones vas a emprender hoy para poner en práctica este mensaje?

El amor de Dios (8:28–39)

Lectura: ¿Quién pude estar en nuestra contra? Dios entregó a su propio hijo por todos nosotros y Dios nos regaló todo en su Hijo. Si Dios nos absolvió de todo, ¿quién puede condenarnos? Nada nos puede apartar del amor de Cristo, que es el reflejo del amor de Dios.

Meditación: Pasamos ahora a la meditación en silencio. ¿Qué te dice a ti el texto bíblico en este día? Déjate examinar por el texto, no son palabras del pasado sino del presente. Pablo afirma que, si Cristo está con nosotros, nadie puede estar contra nosotros. ¿Crees realmente estas palabras? Si las crees, ¿ves a la muerte de la misma manera que los no creyentes? ¿Cuál es tu reacción cuando una persona muere? ¿Cuál es tu reacción cuando un familiar tuyo muere? Si nada nos puede apartar del amor de Cristo, ¿por qué le temes a la muerte?

Oración: ¿Qué le vas a decir al Señor como respuesta a su palabra? Guarden un momento de silencio y después todos juntos oren:

Jesucristo nuestro Señor,

Tú has vencido a la muerte y nos has mostrado la verdadera vida.

Ayúdanos a creer más sinceramente en tus palabras,

te pedimos que nos des tu gracia para no temer a la muerte...

Señor, en ti confío.

Contemplación: ¿Qué conversión de la mente, del corazón y de tu vida te pide el Señor? Amigo y amiga, ¡dale tu mente, tu corazón y tu vida al Señor! Solo Él sabe lo que hay en tu corazón, ¡no tengas miedo!

Amigo y amiga, ¿qué acción o acciones vas a emprender hoy para poner en práctica este mensaje?

PARTE 2: ESTUDIO PERSONAL (ROM 9:1-11:35)

Día 1: La situación y la elección de Israel (9:1–33)

En este capítulo Pablo habla de la situación especial y única del pueblo de Israel en su relación con el Dios eterno. El tema, en el trasfondo psicológico de Pablo, es el problema de la salvación de Israel. Pablo desearía ser aborrecido de Dios y separado de Cristo si así pudiera favorecer a su pueblo. Pablo se enfrenta a la situación del rechazo del Evangelio por la mayor parte de su pueblo. Se dirige a su pueblo como cristiano y afirma que Dios no ha abandonado a su pueblo ya que goza de su presencia y Dios es fiel a sus promesas. Pablo afirma que no todos los que descienden de Israel son israelitas y agrega que tampoco todos los descendientes de Abrahán son verdaderamente sus hijos. Los hijos de Dios no son los hijos carnales; la verdadera descendencia son los hijos de la promesa. Los hijos de la promesa no están sujetos a ninguna raza o etnia ya que Dios no hace distinciones en su plan de salvación universal. Dios es rico en misericordia.

Lectio divina

Siguiendo los pasos de la *lectio*, dedica entre ocho y diez minutos en silencio a meditar, orar y contemplar el siguiente pasaje:

Digo la verdad en Cristo, no miento, —mi conciencia me lo atestigua en el Espíritu Santo—, siento una gran tristeza y un dolor incesante en el corazón. Pues desearía ser yo mismo maldito, separado de Cristo, por mis hermanos, los de mi raza según la carne (Rom 9:1–3).

Amigo y amiga, ¿qué acción o acciones vas a emprender hoy para poner en práctica este mensaje?

Día 2: La salvación universal (10:1–20)

Pablo afirma que ya no hay diferencia entre judíos y griegos. Si uno confiesa con la boca que Jesús es el Señor y cree de corazón que Dios lo resucitó de la muerte, entonces se salvará. Pablo hace el llamado universal para que presten atención al anuncio de la Buena Nueva. Es mediante la escucha de este mensaje que la fe nace. Anunciar el mensaje de Cristo es la misión de aquellos que lo confiesan como Señor.

Lectio divina

Siguiendo los pasos de la *lectio*, dedica entre ocho y diez minutos en silencio a meditar, orar y contemplar el siguiente pasaje:

Porque, si confiesas con tu boca que Jesús es el Señor y crees en tu corazón que Dios lo resucitó de entre los muertos, serás salvo. Pues con el corazón se cree para conseguir la justicia, y con la boca se confiesa para conseguir la salvación. Porque dice la Escritura: Todo el que crea en él no será confundido (Rom 10:9–11).

Amigo y amiga, ¿qué acciones o acciones vas a emprender hoy para poner en práctica este mensaje?

Día 3: El resto de Israel (11:1–12)

Este pasaje resalta la iniciativa de salvación de Dios que es un don gratuito. Dios no ha rechazado a su pueblo elegido, Israel, y ha abierto las puertas de la salvación a los paganos. Dios es el Señor de la historia y todo sucede de acuerdo con sus designios. Lo que para nosotros son tropiezos y pérdidas, para Dios no lo son, ya que su designio de salvación universal sobrepasa toda lógica humana.

Lectio divina

Siguiendo los pasos de la *lectio*, dedica entre ocho y diez minutos en silencio a meditar, orar y contemplar el siguiente pasaje:

Y pregunto yo: ¿Es que ha rechazado Dios a su pueblo? ¡De ningún modo! ¡Que también yo soy israelita, del linaje de Abrahán, de la tribu de Benjamín! Dios no ha rechazado a su pueblo, a quien conoció de antemano (Rom 11:1–2).

Amigo y amiga, ¿qué acción o acciones vas a emprender hoy para poner en práctica este mensaje?

Día 4: La salvación de los paganos (11:13–24)

Pablo se dirige a los cristianos procedentes del paganismo y los exhorta a no tener ningún complejo de superioridad exclusivista. Les recuerda que la elección de Israel sigue en pie y que su pueblo sigue desempeñando un papel fundamental en los planes de salvación de Dios para la humanidad. Para Pablo, el pueblo cristiano y el pueblo judío no pueden existir el uno sin el otro. La identidad e historia del cristianismo está íntimamente unida al judaísmo; verlos como totalmente distintos es un gran error. ¿Acaso el árbol puede renegar de su raíz o vivir sin su raíz? El destino común, tanto del judaísmo como del cristianismo, es caminar juntos hacia el Señor.

Lectio divina

Siguiendo los pasos de la *lectio*, dedica entre ocho y diez minutos en silencio a meditar, orar y contemplar el siguiente pasaje:

Que si algunas ramas fueron desgajadas, mientras tú —olivo silvestre— fuiste injertado en su lugar, hecho partícipe con ellas de la raíz y de la savia del olivo, no te engrías contra las ramas. Y si te engríes, ten presente que no eres tú quien sostiene la raíz, sino la raíz quien te sostiene (Rom 11:17–18).

Amigo y amiga, ¿qué acción o acciones vas a emprender hoy para poner en práctica este mensaje?

Día 5: La conversión de Israel (11:25–36)

Ante semejante misterio, la respuesta de Pablo es una de adoración y alabanza a los designios misteriosos de Dios. Pablo espera con gran humildad la futura conversión de todo su pueblo ya que los dones y el llamado de Dios son irrevocables. A final de cuentas, Pablo sabe que solo Dios, que conoce el corazón de cada ser humano, es capaz de salvarlo. La misericordia de Dios no tiene límite y solo Dios basta.

Lectio divina

Siguiendo los pasos de la *lectio*, dedica entre ocho y diez minutos en silencio a meditar, orar y contemplar el siguiente pasaje:

¡Oh abismo de riqueza, de sabiduría y de ciencia el de Dios! ¡Cuán insondables son sus designios e inescrutables sus caminos! En efecto, ¿quién conoció el pensamiento de Señor? O ¿quién fue su consejero? O ¿quién le dio primero que tenga derecho a la recompensa? Porque de él, por él y para él son todas las cosas. ¡A él la gloria por los siglos! Amén (Rom 11:33–36).

Amigo y amiga, ¿qué acción o acciones vas a emprender hoy para poner en práctica este mensaje?

Preguntas de reflexión:

1. Recuerda algunos de los momentos en que Dios ha sido fiel a su alianza con el pueblo de Israel en las Escrituras. ¿De qué maneras ha sido Dios fiel a sus promesas en tu vida?

2. Analizando al personaje de Pablo en esta carta, ¿te identificas de alguna manera con él?

3. Si Pablo estuviese hoy vivo, ¿qué mensaje crees que daría a judíos, cristianos y miembros de otras religiones?

4. ¿De qué maneras todos nosotros podemos anunciar, de forma más efectiva, el gran amor de Dios por todos? ¿Cómo podemos llegar al no creyente?

LECCIÓN 3

Los deberes del cristiano

ROMANOS 12–16

> *"Los exhorto, pues, hermanos, por la misericordia de Dios, a que se ofrezcan a ustedes mismos como un sacrificio vivo, santo, agradable a Dios: tal será su culto espiritual. Y no se acomoden al mundo presente, antes bien transfórmense mediante la renovación de su mente, de forma que puedan distinguir cuál es la voluntad de Dios: lo bueno, lo agradable, lo perfecto"* (Rom 12:1–2).

Oración inicial (ve página 17)

Contexto

Parte 1: Romanos 12:1–14:12: Pablo anima a los romanos a que se ofrezcan como sacrificio vivo y que no se dejen llevar por la mentalidad de ese mundo en el que viven. Presenta a la Iglesia como un cuerpo, el cuerpo de Cristo, en el cual cada miembro tiene dones únicos y especiales para beneficio de todos. Pablo anima a los cristianos a que acaten las leyes de la autoridad civil y a ver a las autoridades como ministros de Dios. Los cristianos deben mostrar amor a todos, incluso a aquellos que los persiguen, ya que el amor es el cumplimiento de la ley.

Parte 2: Romanos 14:13–16:27: En el tiempo de Pablo había muchos judeo-cristianos que estaban batallando en su transición del judaísmo a ser seguidores de Cristo. Había muchos de entre los gentiles que estaban también encontrando dificultades para deshacerse de sus antiguas creencias y prácticas paganas. Pablo los acusa a todos de ser débiles en la fe por seguir siendo esclavos de esas creencias. También afirma que él no se gloría de sí mismo, sino del Señor que lo ha escogido para ser apóstol de los gentiles. Por último, envía saludos a todas las personas que conoce en Roma y les pide que no permitan disensiones entre ellos, ya que fracturan la unidad.

PARTE 1: ESTUDIO EN GRUPO (ROM 12:1–14:12)

Leer Romanos 12:1–14:12 en voz alta

12:1–8: Un sacrificio vivo

Pablo exhorta a los romanos a vivir su vida cristiana como sacrificio vivo, santo y aceptable a Dios. Su vida personal y pública debe ser un verdadero culto. Tal como el sacrificio de animales era ofrecido a Dios en los tiempos del Antiguo Testamento como un don aceptable, de igual manera Pablo motiva a los romanos a reemplazar esta ofrenda con su propia vida al servicio de Dios. Este es el sacrificio nuevo y aceptable que es declarado santo por la misericordia de Dios. Pablo anima a la gente a no conformarse con este mundo. Antes bien, los cristianos deben transformarse interiormente con una mentalidad nueva. Deben vivir según la voluntad de Dios y abrir sus mentes y corazones a la generosidad de Dios. El Espíritu que habita en nosotros es el que nos permite entregarnos a Dios y a los hermanos como ofrecimiento a Dios.

12:9–21: Un cuerpo con varios miembros

Pablo desea que el Evangelio de verdad se encarne en la vida de la comunidad. Por eso nos da varias sugerencias de cómo deben vivir los cristianos. Los cristianos deben amar intensamente y sinceramente, tal práctica es el antídoto contra el mal y los hace crecer en santidad. En este amor deben mostrarse cariño y tratar a los demás como más dignos. Los cristianos deben alegrarse en la esperanza, ser pacientes en el sufrimiento y perseverantes en la oración. Deben ser hospitalarios, bendecir a todos y nunca maldecir y vivir en armonía con los demás. Ante todo, no deben dejarse vencer por el mal, sino deben vencer al mal con el bien. La unidad y la armonía son esenciales para evitar cualquier división, ya que un cuerpo unido y en armonía transmite paz, fidelidad y amor.

13:1-10: Obediencia a las autoridades

En este capítulo, Pablo habla sobre el papel de la obediencia a las autoridades civiles. Pablo supone que las autoridades son legítimas y honestas. Su visión es que un cristiano debe ser un ciudadano honesto y respetuoso. Para él, el cristianismo fomenta una sociedad más justa ya que todos tratan de vivir a ejemplo de Cristo. Es importante recalcar que Pablo escribe esta carta antes de que empezaran las persecuciones contra los cristianos. Pablo pide que se sometan a la autoridad humana porque procede de Dios. Cualquier rebelión contra tal autoridad es rebelión contra Dios. El papel de los gobernantes es no causar miedo entre los que obran bien, sino entre los que obran mal. La autoridad humana es un instrumento de Dios para nuestro bien y está a su servicio. Por estas razones los cristianos deben someterse a la autoridad, no por miedo sino por deber de conciencia. Pablo ve en los deberes concretos del ciudadano una manera de expresar su amor a los demás.

13:11-14: La venida de Cristo

Pablo concluye su exhortación sobre la conducta del cristiano manifestando la urgencia de alguien que está viviendo en los últimos días de la historia. La salvación ahora está más cerca que cuando los romanos abrazaron la fe. Pablo los urge a que se vistan con la armadura de la luz; hay que prepararse para la batalla, hay que despertar del sueño. El cristiano debe actuar siempre con decencia y alejarse de todo lo malo. Debe revestirse de Cristo y dejarse guiar por el Espíritu Santo.

14:1-12: La libertad y la caridad

En este capítulo Pablo habla sobre un tema de gran preocupación en la iglesia naciente: la observancia de las leyes judías y las creencias paganas referentes a días de buen o mal augurio. Los cristianos *débiles* en su conocimiento de la fe aun no acababan de desprenderse de sus antiguas prácticas paganas. Los cristianos *fuertes*, o sea más sólidos en su fe, se sentían liberados de cualquier práctica pagana y en ocasiones miraban con desprecio a los cristianos débiles. El problema de raíz eran los prejuicios, la soberbia y las condenas mutuas. Esta problemática ponía en peligro la unidad y convivencia en las comunidades. Pablo los exhorta a que practiquen el diálogo donde la caridad presida todo. Tanto los más débiles deben hacer el esfuerzo por crecer en la fe como los más fuertes deben utilizar su libertad y ponerla al servicio del amor.

Preguntas de reflexión:

1. ¿De qué maneras puedo ser un sacrificio vivo, santo y agradable a Dios en mi vida cotidiana?
2. ¿Qué piensa usted sobre la enseñanza de Pablo con respecto a la autoridad humana?
3. ¿Me considero un cristiano débil o uno fuerte? ¿Por qué?
4. ¿Cómo trato a los cristianos débiles (o fuertes) en mi vida cotidiana?

Oración final (ver página 17)

Digan la oración final antes o después del ejercicio de la *lectio divina*.

Lectio divina (ver página 9)

Relaja tu cuerpo y mantén una postura de oración (sentado, ojos cerrados, ambos pies en el piso). Este ejercicio puede tomar el tiempo que sea necesario. En el contexto de este estudio de Biblia, de diez a veinte minutos son suficientes. El propósito de la *lectio divina* es ayudarte a entrar en la dinámica de la oración y contemplación de la Palabra de Dios, que puedas entablar un diálogo con Dios en lo más íntimo de tu corazón. Ve la página 9 para más instrucciones.

Un sacrificio vivo (12:1–8)

Lectura: Amigo y amiga, Pablo nos exhorta a vivir una vida cristiana como sacrificio vivo, santo, y aceptable a Dios; nuestra vida debe ser un verdadero culto a Dios. Este es el sacrificio nuevo y aceptable que es declarado santo por la misericordia de Dios. Pablo nos anima a no acomodarnos a este mundo. Antes bien, debemos transformarnos interiormente con una mentalidad nueva. Debemos vivir según la voluntad de Dios y abrir nuestras mentes y corazones a su generosidad.

Meditación: ¿Qué te dice el texto bíblico en este día? Déjate examinar por el texto, no son palabras del pasado sino del presente. Las palabras de Pablo tocan directamente nuestros corazones. No debemos conformarnos con el mundo en que vivimos, sino ser sacrificios vivos; ser aroma agradable a Dios. ¿Te ves como aroma agradable a Dios? ¿Te consideras realmente un sacrificio vivo para Él? Pablo nos invita a adquirir una mentalidad nueva, a darle a nuestra vida un cambio total de dirección. ¿Qué significa para ti un cambio de dirección en tu vida?

Oración: ¿Qué le vas a decir al Señor como respuesta a su Palabra? En oración pídele al Señor que te purifique la mente y el corazón. Dale gracias por tener la posibilidad de ser aroma agradable en Jesucristo. Guarden un momento de silencio y después todos juntos oren:

Señor Jesucristo en quien confío,

ayúdame a ser aroma agradable tuyo.

Que la mentalidad del mundo no me consuma y asfixie,

dame un corazón que sea capaz de ser un verdadero sacrificio vivo.

Tu gracia es todo lo que necesito... Señor, en ti confío.

Contemplación: ¿Qué conversión de la mente, del corazón y de tu vida te pide el Señor? Amigo y amiga, ¡dale tu mente, tu corazón y tu vida al Señor! Solo Él sabe lo que hay en tu corazón, ¡no tengas miedo! **Amigo y amiga, ¿qué acción o acciones vas a emprender hoy para poner en práctica este mensaje?**

Obediencia a las autoridades (13:1–10)

Lectura: Amigo y amiga, la visión de Pablo es que todo cristiano debe ser un ciudadano bueno y honesto. Pablo nos pide que nos sometamos a la autoridad humana porque procede de Dios; es su instrumento para nuestro bien y está a su servicio. Debemos someternos a la autoridad, no por miedo sino por deber de conciencia. Pablo ve en nuestros deberes concretos una manera de expresar nuestro amor a los demás.

Meditación: Pablo nos presenta lo útil y necesario que son las autoridades humanas. ¿Qué te dice a ti el texto bíblico en este día? Déjate examinar por el texto, no son palabras del pasado sino del presente. Pregúntate a ti mismo: ¿qué es la autoridad civil para mí?, ¿estoy de acuerdo con lo que dice Pablo?, ¿acato lo que la autoridad humana me pide?, ¿obedezco las leyes que existen en el lugar donde vivo?, ¿soy ejemplo para otros de lo que significa obediencia a la ley?

Oración: Después de esta breve meditación pregúntate: ¿qué le voy a decir al Señor como respuesta a su Palabra? Cierra tus ojos por un momento y habla con Dios sobre lo que piensas de la autoridad humana. Guarden un momento de silencio y después todos juntos oren:

Señor, muchas veces no comprendo a las autoridades humanas,

dame la sabiduría para seguir y acatar las leyes que no contradicen tu voluntad.

Dame sabiduría y entendimiento para fomentar el respeto a las autoridades civiles,

dame la fuerza y tu Espíritu para ver la auténtica autoridad humana como instrumento tuyo.

Señor, justo juez…en ti confío.

Contemplación: ¿Qué conversión de la mente, del corazón y de tu vida te pide el Señor? Amigo y amiga, ¡dale tu mente, tu corazón y tu vida al Señor! Solo Él sabe lo que hay en tu corazón, ¡no tengas miedo!
Amigo y amiga, ¿qué acción o acciones vas a emprender hoy para poner en práctica este mensaje?

Libertad y caridad (14:1–12)

Lectura: Amigo y amiga, los cristianos *débiles* en su conocimiento de la fe aun no acababan de desprenderse de sus antiguas prácticas. Los cristianos *fuertes*, o sea más sólidos en su fe, se sentían liberados de sus antiguas prácticas y en ocasiones miraban con desprecio a los cristianos débiles. El problema de raíz eran los prejuicios, la soberbia y las condenas mutuas. Esta problemática pone en peligro la unidad y convivencia en nuestras comunidades. El diálogo donde la caridad presida es necesario; la libertad siempre debe estar al servicio del amor.

Meditación: ¿Qué te dice el texto bíblico en este día? Déjate examinar por el texto, no son palabras del pasado sino del presente. Amigo y amiga, ¿te consideras un cristiano débil o fuerte? Si te consideras uno fuerte, ¿has menospreciado al débil? Si te consideras débil, ¿por qué sigues atado a tus prácticas antiguas? Ahora eres una persona libre en Jesucristo y toda la Creación de Dios es buena. Escucha lo que te está pidiendo el Señor en este día.

Oración: En este momento de oración, ¿qué le vas a decir al Señor como respuesta a su Palabra? Cierra tus ojos y abre tu corazón y pídele al Señor la gracia de verte y sentirte como un cristiano libre. Guarden un momento de silencio y después todos juntos oren:

> Dios, te doy gracias por la libertad que me has dado,
>
> te doy gracias por darme un gran don sin merecerlo.
>
> Te pido que me ayudes a vivir mi libertad en caridad,
>
> y de esta manera dar gloria a tu nombre por siempre. Amén.

Contemplación: ¿Qué conversión de la mente, del corazón y de tu vida te pide el Señor? Amigo y amiga, ¡dale tu mente, tu corazón y tu vida al Señor! Solo Él sabe lo que hay en tu corazón, ¡no tengas miedo!
Amigo y amiga, ¿qué acción o acciones vas a emprender hoy para poner en práctica este mensaje?

PARTE 2: ESTUDIO PERSONAL (ROM 14:13–16:27)

Día 1: No escandalizar (14:13–23)

Pablo viene en defensa del débil en la fe. Afirma que hay que procurar no provocar escándalos en la comunidad. A los cristianos más fuertes en su fe les pide que utilicen su libertad para fomentar el amor. Aun cuando sepan que lo que hacen está correcto, si eso hace sufrir al hermano débil, hay que abstenerse de hacerlo. Si está en juego el amor a causa del escándalo, es preferible no hacer aquello que saben que está permitido por consideración al más débil. Esto es verdaderamente compartir la fe con el hermano. Pablo los exhorta a fomentar la paz mutua y lo constructivo.

Lectio divina

Siguiendo los pasos de la *lectio*, dedica entre ocho y diez minutos en silencio a meditar, orar y contemplar el siguiente pasaje:

> Ahora bien, si por un alimento tu hermano se entristece, tú no procedes ya según la caridad. ¡Que por tu comida no destruyas a aquel por quien murió Cristo! (Rom 14:15).

Amigo y amiga, ¿qué acción o acciones vas a emprender hoy para poner en práctica este mensaje?

Día 2: Dar gusto a los demás (15:1–6)

Para Pablo compartir la fe es cargar con las flaquezas de los débiles y no buscar la satisfacción propia. Al compartir la fe, edificamos la comunidad. Pablo presenta a Cristo como modelo del abandono personal por la edificación de todos. Cristo cargó con nuestras debilidades y de esta manera nos muestra el camino a seguir.

Lectio divina

Siguiendo los pasos de la *lectio*, dedica entre ocho y diez minutos en silencio a meditar, orar y contemplar el siguiente pasaje:

> Y el Dios de la paciencia y del consuelo les conceda tener los unos para con los otros los mismos sentimientos, siguiendo a Cristo Jesús, para que unánimes, a una voz, glorifiquen al Dios y Padre de nuestro Señor Jesucristo (Rom 15:5–6).

Amigo y amiga, ¿qué acción o acciones vas a emprender hoy para poner en práctica este mensaje?

Día 3: La Buena Nueva para judíos y paganos (15:7–13)

Esta es la última exhortación de Pablo a la comunidad de Roma, "acójanse mutuamente como los acogió Cristo para gloria de Dios" (Rm 15:7). Cristo es el modelo de servicio porque confirma la fidelidad de Dios entre los judíos y manifiesta la misericordia de Dios entre los paganos. El Evangelio de la salvación universal se puede resumir en fidelidad y misericordia de Dios para todos. Para los judeo-cristianos Jesús, el Mesías, es la manifestación de la fidelidad de Dios a los patriarcas. Para los cristianos procedentes del paganismo, Jesús es la misericordia de Dios que se extiende a todo pueblo y nación. La historia de la humanidad es la historia del plan divino de salvación para todos.

Lectio divina

Siguiendo los pasos de la *lectio*, dedica entre ocho y diez minutos en silencio a meditar, orar y contemplar el siguiente pasaje:

El Dios de la esperanza los colme de todo gozo y paz en la fe, hasta rebosar de esperanza por la fuerza del Espíritu Santo (Rom 15:13).

Amigo y amiga, ¿qué acción o acciones vas a emprender hoy para poner en práctica este mensaje?

Día 4: Misión de Pablo para los paganos (15:14–33)

Pablo, ministro y servidor de la Palabra de Dios, reafirma su convicción de que la comunidad de Roma está llena de bondad y colmada de conocimiento. Los romanos se aconsejan en la caridad mutuamente. Por la gracia recibida de Dios como ministro de Cristo Jesús para los paganos y sacerdote de la Buena Nueva de Dios, les escribe para confirmarlos en la fe. También les escribe para que la ofrenda de los paganos sea aceptable y consagrada por el Espíritu Santo. Pablo se siente orgulloso ante Dios por Cristo Jesús, por lo que ha logrado en su predicación. Les comenta que pronto los visitará de paso en su viaje a España. Les pide que luchen a su lado por medio de sus oraciones para que su misión sea bien recibida. Se despide con el saludo del Dios de la paz.

Siguiendo los pasos de la *lectio*, dedica entre ocho y diez minutos en silencio a meditar, orar y contemplar el siguiente pasaje:

Por mi parte estoy persuadido, hermanos míos, en lo que a ustedes toca, de que también ustedes están llenos de buenas disposiciones, repletos de todo conocimiento y capacitados también para amonestarse unos a otros (Rom 15:14).

Amigo y amiga, ¿qué acción o acciones vas a emprender hoy para poner en práctica este mensaje?

Día 5: Saludos finales (16:1–27)

Pablo nos proporciona una larga y muy detallada lista de las personas con que comparte su ministerio en Roma; todas ellas han sido parte vital en su ministerio. Las exhorta a que continúen perseverando en el camino de la fe y a que estén siempre alerta en corregir a los hermanos con caridad. Las palabras finales de Pablo en esta carta son un himno de alabanza a Dios eterno por haber revelado en Jesucristo su misterio, el misterio que había sido callado durante siglos y ahora es del conocimiento de los pueblos paganos.

Lectio divina

Siguiendo los pasos de la *lectio*, dedica entre ocho y diez minutos en silencio a meditar, orar y contemplar el siguiente pasaje:

A Aquel que puede consolidarlos conforme al Evangelio mío y la predicación de Jesucristo: revelación de un misterio mantenido en secreto durante siglos eternos, pero manifestado al presente, por las Escrituras que lo predicen, por disposición del Dios eterno, dado a conocer a todos los gentiles para obediencia de la fe, a Dios, el único sabio, por Jesucristo, ¡a él la gloria por los siglos de los siglos! Amén (Rom 16:24–27).

Amigo y amiga, ¿qué acción o acciones vas a emprender hoy para poner en práctica este mensaje?

Preguntas de reflexión:

1. Pablo nos habla de la seriedad de los escándalos. ¿Has escandalizado a personas débiles en la fe? ¿Conoces a personas que han sido escandalizadas en su fe y han dejado la Iglesia? ¿Qué puedes hacer para evitar que se dé escándalo a los más débiles?
2. Cristo es nuestro modelo de amor y servicio, ¿de qué maneras concretas tratas de ser discípulo y misionero del Señor Jesús?
3. Pablo habla de forma muy positiva de varias personas en Roma, ¿podrías afirmar lo mismo de tus compañeros en el ministerio? ¿Por qué sí? ¿Por qué no?
4. ¿Crees que tu comunidad de fe hace lo posible por agradecer públicamente el servicio de varios de sus miembros? Si no es así, ¿qué se puede hacer para agradecerles públicamente su gran servicio a la comunidad?

La lealtad al Evangelio

GÁLATAS 1:1–3:22

"Porque les hago saber, hermanos, que el Evangelio anunciado por mí, no es de orden humano, pues yo no lo recibí ni aprendí de hombre alguno, sino por revelación de Jesucristo" (Gal 1:11–12).

Oración inicial (ver página 17)

Contexto

Parte 1: Gálatas 1:1–24: Pablo se presenta a sí mismo como apóstol escogido por Jesús. Su saludo es muy corto y expresa su asombro de que los gálatas hayan abandonado tan fácilmente el Evangelio que él les enseñó. Pablo está asombrado por la manera en que los gálatas se han dejado engañar por los falsos maestros. Han aceptado un Evangelio falso. Pablo afirma que su Evangelio no procede de seres humanos, sino de Cristo mismo por revelación. Pablo comparte con los gálatas su propia conversión y llamado a predicar la Buena Nueva a los gentiles.

Parte 2: Gálatas 2:1–3:22: Pablo declara como él enfrentó abiertamente a Pedro sobre su duplicidad de vida. Pedro comía con los gentiles, pero luego los dejaba para ir a comer con los judeo-cristianos cuando lo visitaban. Pablo reprochaba a Pedro este tipo de conducta. Lo hace porque Pedro, que vivía como los gentiles, pedía que los gentiles vivieran como judíos. Debido a que Pedro, con su vida, demostraba a los gentiles la conducta de alguien que estaba libre de la ley, su actitud con los judíos les creaba confusión.

Pablo enseña que los cristianos no son justificados por las obras de la ley, sino por la fe en Jesucristo. Si el seguir a Cristo significa que ellos están viviendo en pecado, Cristo sería un ministro del pecado, lo cual es totalmente absurdo. Cristo es el que vive en el que ha sido bautizado. Si la ley sigue siendo efectiva, entonces Cristo ha muerto por nada y por lo tanto no tenemos nueva vida; seguimos en la esclavitud. Pablo utiliza el ejemplo de Abrahán para demostrar que por medio de la fe somos hijos de Dios.

PARTE 1: ESTUDIO EN GRUPO (GAL 1:1–24)

Leer Gálatas 1:1–24 en voz alta.

1:1–5: El saludo de Pablo

Gálatas es la carta más dura, seria y severa de Pablo. El propósito de la carta es responder a las comunidades de Galacia que estaban dudando de la autenticidad de su mensaje. Las comunidades cuestionan su legitimidad como apóstol y el Evangelio que les había predicado. Este era un problema grave y de muy serias consecuencias. Pablo se presenta como apóstol enviado y nombrado por el mismo Jesucristo y Dios Padre, no por seres humanos. Les extiende el saludo de "gracia" y "paz" a la comunidad como símbolo de la unidad de fe con todos ellos.

1:6–10: No hay más que una Buena Nueva

Pablo, después del saludo, omite la acción de gracias que es característica de sus cartas. Pablo está asombrado de que los Gálatas, que habían aceptado el Evangelio que él presentó, lo hayan dejado tan fácilmente. Les dice que hay un solo Evangelio, el que él les predicó. El que intente suplantar lo que él predicó, aunque sea un ángel del cielo, se merece la condena. Pablo no quiere agradar a los hombres, sino a Dios mismo. Durante los tiempos de Pablo, los judaizantes eran los que ponían en peligro la memoria de Jesús. Los judaizantes imponían a los paganos la circuncisión y las prácticas de la ley judía como condición necesaria para ser cristianos y alcanzar la salvación. Tal enseñanza equivalía a hacerse pecadores para después ser declarados como justos.

1:11–24: La vocación de Pablo

Pablo habla sobre cómo el Señor Jesús lo llama a dar una respuesta a los que cuestionaban su enseñanza. Afirma que sus enseñanzas no las recibió de seres humanos, sino que Jesucristo mismo se las reveló. Les habla de cómo anteriormente perseguía a la Iglesia de Dios para destruirla; superaba en conocimiento y celo a todos sus compatriotas, y era un auténtico maestro de la ley, celoso de las tradiciones de su pueblo. Habla de cómo él ya había sido consagrado desde el vientre de su madre para llevar el mensaje de Dios a todos, tal como había sucedido con los profetas Jeremías e Isaías. De esta manera, se ve como parte de la gran tradición profética del pueblo de Israel. Pablo es un profeta de Cristo Jesús, Hijo de Dios y redentor de los hombres. En la visión de Pablo, la conversión personal y la vocación misionera son inseparables. Anuncia lo que le fue revelado por Jesucristo para la salvación de todos. Pablo, al igual que los profetas del Antiguo Testamento, comunica lo que ha visto y no puede callarlo. El celo por el Señor lo consume.

Preguntas de reflexión:

1. ¿Te identificas con la manera en que Pablo fue llamado por el Señor?
2. Todos hemos sido llamados por el Señor a trabajar en su viña. ¿Cómo te llamó el Señor? Comparte tus pensamientos con los demás.
3. ¿De qué manera respondes cuando en tu comunidad de fe las personas parecen estar dejando el Evangelio de Jesucristo? ¿Respondes igual que Pablo o de otra manera?
4. ¿Por qué crees que Pablo estaba tan enojado por lo que los gálatas habían hecho?

Oración final (ver la página 17)

Decir la oración antes o después del ejercicio de *lectio divina*.

Lectio divina (ver página 9)

Relaja tu cuerpo y mantén una postura de oración (sentado, ojos cerrados, ambos pies en el piso). Este ejercicio puede tomar el tiempo que sea necesario. En el contexto de este estudio de Biblia, de diez a veinte minutos son suficientes. El propósito de la *lectio divina* es ayudarte a entrar en la dinámica de la oración y contemplación de la Palabra de Dios, que puedas entablar un diálogo con Dios en lo más íntimo de tu corazón. Ve la página 9 para más instrucciones.

El saludo de Pablo (1:1-5)

Lectura: Amigo y amiga, Pablo se presenta como apóstol enviado y nombrado por el mismo Jesucristo y Dios Padre, no por seres humanos. Su mensaje es que Jesucristo se entregó por nuestros pecados para sacarnos de la perversa situación del mundo. Ese fue el deseo de Dios nuestro Padre y por eso lo glorificamos eternamente.

Meditación: ¿Qué te dice a ti el texto bíblico en este día? Déjate examinar por el texto, no son palabras del pasado sino del presente. Pablo nos invita a aceptarlo como apóstol por voluntad de Dios. Su mensaje es fiel al designio de salvación de Dios para todos nosotros. Amigo y amiga, ¿eres tú un apóstol del Señor Jesucristo? ¿Te ves como un apóstol? Este mundo está necesitado de apóstoles del Señor Jesucristo; Él continuamente está llamando a más servidores a trabajar en su viña. ¿Estás dispuesto a aceptar su llamado?

Oración: Después de esta breve meditación, pasamos a la oración. ¿Qué le vas a decir al Señor como respuesta a su Palabra? En el silencio de tu corazón pídele la gracia para poder hacer su voluntad. Abre tus oídos y tu boca; deja que el Señor toque tus oídos y labios. ¡Déjate sorprender por Dios! Guarden un momento de silencio y después todos juntos oren:

Señor, tú me has llamado a ser tu mensajero desde el vientre de mi
madre,
no permitas que nada me turbe,
no permitas que nada me asuste para responder a tu llamado.
Dame un corazón dócil para aceptar tu voluntad,
dame fortaleza para ser tu portavoz... Señor, en ti confío.

Contemplación: ¿Qué conversión de la mente, del corazón y de tu vida te pide el Señor? Amigo y amiga, ¡dale tu mente, tu corazón y tu vida al Señor! Solo Él sabe lo que hay en tu corazón, ¡no tengas miedo!

Amigo y amiga, ¿qué acción o acciones vas a emprender hoy para poner en práctica este mensaje?

No hay más que una Buena Nueva (1:6–10)

Lectura: Amigo y amiga, Pablo está asombrado de que los Gálatas, que habían aceptado el Evangelio que él les presentó, lo hayan dejado tan fácilmente. Les dice que hay un solo Evangelio, el que él les predicó. El que intente suplantar lo que el predicó, aunque sea un ángel del cielo, se merece la condena. Durante los tiempos de Pablo, los judaizantes imponían la circuncisión y las prácticas de la ley judía a los paganos como condición necesaria para ser cristianos y de esa manera alcanzar la salvación. Este es el absurdo más incomprensible, ya que una vez que una persona es libre, jamás quiere volver a ser esclavo.

Meditación: ¿Qué te dice a ti el texto bíblico en este día? Déjate examinar por el texto, no son palabras del pasado sino del presente. En esta meditación sería bueno preguntarse, ¿me he dejado yo engañar en el pasado sobre la verdad del Evangelio? ¿He cambiado el verdadero mensaje de Dios por otros mensajes? ¿Por qué fui presa fácil? Toma unos minutos en silencio para meditar sobre estas preguntas.

Oración: Después de esta breve meditación, ¿qué le vas a decir al Señor como respuesta a su Palabra? Pídele al Señor que te dé la sabiduría para no aceptar otros mensajes contrarios a su Evangelio y dale gracias por haber enviado a sus profetas para ayudarte a rectificar tu camino. Guarden un momento de silencio y después todos juntos oren:

Señor Jesucristo, Verbo Encarnado de Dios Padre eterno,

dame la sabiduría para no aceptar otros mensajes que no sean los tuyos.

Dame luz para escuchar atento a tus pastores,

dame conocimiento para discernir lo verdadero de lo falso,

y dame entendimiento para vivir tu verdad eterna... Señor, en ti confío.

Contemplación: ¿Qué conversión de la mente, del corazón y de tu vida te pide el Señor? Amigo y amiga, ¡dale tu mente, tu corazón y tu vida al Señor! Solo Él sabe lo que hay en tu corazón, ¡no tengas miedo!

Amigo y amiga, ¿qué acción o acciones vas a emprender hoy para poner en práctica este mensaje?

La vocación de Pablo (1:11–24)

Lectura: Amigo y amiga, Pablo afirma que sus enseñanzas no las recibió de seres humanos, sino de Jesucristo mismo. Perseguía a la Iglesia de Dios para destruirla; superaba en conocimiento y celo a sus compatriotas. Pablo habla de cómo él ya había sido consagrado desde el vientre de su madre para llevar el mensaje de Dios a todos. En la visión de Pablo, la conversión personal y la vocación misionera son inseparables.

Meditación: ¿Qué te dice a ti el texto bíblico en este día? Déjate examinar por el texto, no son palabras del pasado sino del presente. En esta meditación de la Palabra sería de gran provecho reflexionar sobre la relación que existe entre la conversión personal y la vocación misionera. Una autentica conversión personal es capaz de dar frutos, da frutos porque la persona responde al amor que Dios le ha tenido. La conversión personal es fruto de la acción de la gracia de Dios en nuestra alma. Ese movimiento de la gracia nos lleva a responder dando nuestra vida al Señor. ¡Queremos compartir con los demás las maravillas que el Señor ha hecho en nosotros! Nuestro llamado a ser discípulos misioneros se debe a un encuentro total y personal con Cristo Resucitado.

Oración: ¿Qué le vas a decir al Señor como respuesta a su Palabra? Señor, te confieso que quiero responder de una manera total a tu llamado. Quiero compartir con los demás tus grandes maravillas, pero hay tantas cosas que nublan mi mente... Señor, tómame y llévame contigo a los confines de la misión. Llévame al lugar donde mejor te pueda servir... Señor en ti confío.

Contemplación: ¿Qué conversión de la mente, del corazón y de tu vida te pide el Señor? Amigo y amiga, ¡dale tu mente, tu corazón y tu vida al Señor! Solo Él sabe lo que hay en tu corazón, ¡no tengas miedo!

Amigo y amiga, ¿qué acción o acciones vas a emprender hoy para poner en práctica este mensaje?

PARTE 2: ESTUDIO PERSONAL (GAL 2:1–3:22)

Día 1: El Concilio de Jerusalén (2:1–10)

Pablo dice que después de catorce años de su primera visita para conocer a Pedro, subió a Jerusalén con Bernabé y Tito, siguiendo una revelación. Se reunió en privado con los pilares de la Iglesia de Jerusalén para exponer la Buena Nueva que predicaba a los paganos. Pablo no va a rendir cuentas de lo que ha hecho o a pedir permiso, sino a dar testimonio de su labor misionera entre los paganos. Los pilares, ni a Tito ni a él, les impusieron nada, antes bien dieron su visto bueno al trabajo realizado. Pedro, Santiago y Juan reconocen el don que Pablo había recibido y solo le piden que se acuerde de los pobres, algo que Pablo siempre ha hecho.

En este texto podemos ver que la Iglesia de manera oficial da el visto bueno a lo que Pablo ya estaba realizando. Pablo, movido por una revelación que no nos explica, sube para reunirse con la autoridad de la Iglesia. Él, sabiéndose apóstol del Señor Jesús –igual que los pilares–, no busca algún tipo de respaldo o reconocimiento oficial. El conocimiento de Pablo ha venido por revelación directa del Señor Jesucristo. Este gesto de Pablo nos da una idea de la importancia que la comunión entre los apóstoles tenía para él. Su visita es uno de los primeros grandes gestos de colegialidad entre los pastores de la Iglesia.

Lectio divina

Siguiendo los pasos de la *lectio*, dedica entre ocho y diez minutos en silencio a meditar, orar y contemplar el siguiente pasaje:

A quienes ni por un instante cedimos, sometiéndonos, a fin de salvaguardar para ustedes la verdad del Evangelio... Y de parte de los que eran tenidos por notables —¡no importa lo que fuesen: Dios no mira la condición de los hombres— en todo caso, los notables nada nuevo me impusieron (Gal 2:5–6).

Amigo y amiga, ¿qué acción o acciones vas a emprender hoy para poner en práctica este mensaje?

Día 2: Justificación por la fe (2:11–14)

El Concilio de Jerusalén había acordado que los paganos no necesitaban someterse a la circuncisión para ser cristianos. Los pilares de la Iglesia de Jerusalén y Pablo habían llegado a este acuerdo. Sin embargo, algunos judeo-cristianos seguían predicando la necesidad de la circuncisión para poder ser cristianos. Pablo reprocha públicamente a Pedro la duplicidad de su conducta. Pedro solía comer con cristianos provenientes del paganismo en Antioquía. Sin embargo, cuando llegan los enviados de Santiago, deja de hacerlo y se aparta por miedo a los judeo-cristianos. Pablo no podía tolerar esa duplicidad ya que ponía en peligro la credibilidad del mensaje de salvación.

Lo interesante de este caso es que, aunque la Iglesia de manera oficial declaraba que los gentiles no tenían que ser circuncidados, varios misioneros no seguían esta disposición apostólica. Estos judaizantes (judeo-cristianos) insistían en acatar la Ley Mosaica para poder ser considerados dignos de ser cristianos. Veían como necesario el signo externo de la Antigua Alianza para poder participar en la Nueva. Estos judaizantes todavía no comprendían la magnitud del misterio pascual de Cristo.

Siguiendo los pasos de la *lectio*, dedica entre ocho y diez minutos en silencio a meditar, orar y contemplar el siguiente pasaje:

> Pero en cuanto vi que no procedían rectamente, conforme a la verdad del Evangelio, dije a Cefas en presencia de todos: «Si tú, siendo judío, vives como gentil y no como judío, ¿cómo obligas a los gentiles a vivir como judíos? (Gal 2:14).

Amigo y amiga, ¿qué acción o acciones vas a emprender hoy para poner en práctica este mensaje?

Día 3: Los judíos y los paganos se salvan por la fe (2:15–21)

Solo la fe en Cristo es la que nos permite conocer y experimentar nuestra condición de pecadores así como el perdón y el don gratuito del gran amor salvador de Dios. Si la ley fuera necesaria para la salvación, esto sería afirmar que el sacrificio de Cristo en la cruz fue en vano. Pablo, que era el mejor conocedor de la ley entre sus compatriotas en este tiempo, descubrió por la fe en Cristo la invalidez de la ley al verse tan pecador como el pagano. Si la justicia se alcanzara por la ley, entonces lo que hizo Cristo no tiene ningún valor. Aquello que señala lo que es correcto y lo que es incorrecto es incapaz de justificar a la persona. La persona no se salva por mérito propio, sino por la iniciativa salvadora y gratuita de Dios mismo. ¡Solo Dios salva! Las tablas de la ley, que eran algo pasajero y necesario para el pueblo, no son la salvación en sí mismas. El Creador es el que salva, no lo creado para un tiempo específico.

Siguiendo los pasos de la *Lectio*, dedica entre ocho y diez minutos en silencio a meditar, orar y contemplar el siguiente pasaje:

> Y ya no vivo yo, sino que Cristo vive en mí. Esta vida en la carne, la vivo en la fe del Hijo de Dios que me amó y se entregó a sí mismo por mí. No anulo la gracia de Dios, pues si por la ley se obtuviera la justicia, habría muerto en vano Cristo» (Gal 2:20–21).

Amigo y amiga, ¿qué acción o acciones vas a emprender hoy para poner en práctica este mensaje?

_____

Día 4: La ley y la fe (3:1–14)

Pablo se dirige a los gálatas de manera enérgica ya que su rechazo al Evangelio que él les predico no tiene justificación. Los llama insensatos por dejarse seducir tan fácilmente. Después de ser declarados justos por su fe profesada en Cristo Jesús, ahora quieren volver a ser esclavos para de esa manera ser declarados justos. Quieren rechazar el Espíritu recibido para terminar obrando según el instinto. Los reta a que le aclaren si fue la ley, la cual no conocían ellos, la que los ha librado del pecado y dado la vida eterna. Ellos no estaban atados a la Ley Mosaica porque no eran parte del pueblo de la alianza. Dios no había hecho una alianza con ellos en el monte Sinaí. Les recuerda, a manera de pregunta, que es el Espíritu quien obra milagros entre ellos; y ese mismo Espíritu les ha dado sus dones, no en virtud del seguimiento de la ley, sino por su fe en Cristo. Cristo carga con nuestra maldición para librarnos del yugo de la ley y su salvación se extiende a todos.

Lectio divina

Siguiendo los pasos de la *lectio*, dedica entre ocho y diez minutos en silencio a meditar, orar y contemplar el siguiente pasaje:

> Cristo nos rescató de la maldición de la ley, haciéndose él mismo maldición por nosotros, pues dice la Escritura: Maldito el que cuelga de un madero. Y esto para que la bendición de Abrahán llegara a los gentiles, en Cristo Jesús, y por la fe recibiéramos el Espíritu de la promesa (Gal 3:13–14).

Amigo y amiga, ¿qué acción o acciones vas a emprender hoy para poner en práctica este mensaje?

Día 5: La ley y la promesa (3:15–22)

Pablo hace referencia a las costumbres jurídicas de su tiempo cuando nos recuerda que un testamento no puede ser cambiado o anulado una vez que se hace en forma debida. Del mismo modo, las promesas de Dios no pueden ser cambiadas ni anuladas una vez que él mismo lo ha decretado. Dios hizo promesas a Abrahán y a su descendencia. Pablo afirma que Cristo es la descendencia de Abrahán. Una vez que Dios hizo esta promesa a Abrahán y, a través de él, a Jesucristo, no hay ley que pueda invalidar tal promesa. Por lo tanto, la herencia viene, ya sea de la promesa o de la ley, pero no por medio de las dos. Dios entregó este don a Abrahán a través de la promesa, mucho antes de que existiera la ley, por ello la ley no tiene ningún poder sobre la promesa.

Lectio divina

Siguiendo los pasos de la *lectio*, dedica entre ocho y diez minutos en silencio a meditar, orar y contemplar el siguiente pasaje:

> Entonces, ¿para qué la ley? Fue añadida en razón de las transgresiones hasta que llegara la descendencia, a quien iba destinada la promesa (Gal 3:19).

Amigo y amiga, ¿qué acción o acciones vas a emprender hoy para poner en práctica este mensaje?

Preguntas de reflexión:

1. Pablo sube a Jerusalén para reunirse con los pilares de la Iglesia y exponer su labor evangelizadora, ¿qué te dice esta acción de Pablo sobre su pensamiento acerca de la colaboración pastoral en la Iglesia?
2. Pablo afirma "y ya no vivo yo, sino que Cristo vive en mí" (Gal 2:20). ¿Te identificas con estas palabras? ¿Por qué sí o por qué no?
3. Pablo llama a los gálatas insensatos, ¿ha habido ocasiones en las que tú has sido insensato ante el gran amor de Dios en Jesucristo? ¿Por qué crees haber sido insensato?

4. Pablo enseña que solo Dios salva por la fe en Jesucristo. ¿Has sido tentado en pensar que tus obras son las que te van a salvar? ¿Por qué pensaste de esta manera? ¿Conoces personas que piensan que solo por sus obras se van a salvar? ¿Has tratado de ayudarles a reconocer su error?

5. Cristo se hizo maldición por nosotros para ser reconciliados con Dios. ¿Te has sacrificado tú alguna vez para que otros puedan reconciliarse? Si es así, ¿qué te enseñó tu acción con respecto al amor que Cristo tiene por nosotros?

La libertad de los hijos de Dios

GÁLATAS 3:23–6:18

"En cambio el fruto del Espíritu es amor, alegría, paz, paciencia, afabilidad, bondad, fidelidad" (Gal 5:22).

Oración inicial (ver página 17)

Contexto

Parte 1: Gálatas 3:**23–4:20**: Antes de que llegara la fe, los seres humanos eran prisioneros custodiados por la ley. La ley era nuestro guía hasta que viniera Cristo y fuéramos justificados por la fe. De modo que al llegar la fe, ya no dependemos de la ley. Cuando se llegó el plazo, Dios envió a su Hijo, que nació en la carne, para rescatarnos y recibir la condición de hijos. La manera como entramos en la dinámica de la vida en Cristo es por medio del bautismo. En el bautismo los bautizados se han revestido de Cristo y por la fe en Cristo son hijos de Dios. Y ahora que somos hijos, Dios infunde en nuestros corazones el Espíritu de su Hijo Jesucristo que nos hace llamar a Dios mismo, Abbá, Padre. Por tal razón los bautizados pueden volver a caer en la esclavitud.

Parte 2: Gálatas 4:21–6:18: Pablo utiliza la historia de Agar y Sara como ejemplo para enfatizar que aquellos que siguen a Cristo, son los hijos nuevos de la promesa. De Agar nació Ismael, quien no era hijo de la promesa y de Sara nació Isaac, el hijo de la promesa. Pablo afirma que Cristo nos ha liberado para ser libres y no debemos dejarnos atrapar por el yugo de la esclavitud. Si alguien se circuncida, Cristo no les servirá de nada, ya que los que se circuncidan están obligados a cumplir toda la ley. Al ser de Cristo Jesús no importa estar o no estar circuncidado, ya que lo que cuenta es la fe que obra por medio del amor. Los que son de Cristo, son guiados por el Espíritu y por lo tanto han sido llamados a vivir en libertad. Es el Espíritu de Dios el que los guía.

PARTE 1: ESTUDIO EN GRUPO (GAL 3:23–4:20)

Leer Gálatas 3:23–4:20 en voz alta.

Gálatas 3:23–4:11: Esclavos e hijos

Pablo afirma que la ley tenía una función pedagógica; la ley era la tutora del pueblo judío. Pero al llegar la fe ya no dependemos de la ley. La fe en Cristo nos hace hijos de Dios y al ser bautizados somos consagrados y revestidos en Cristo. Si pertenecemos a Cristo, somos herederos de la promesa hecha a Abrahán, ya que Cristo es la promesa. Pablo hace referencia a los aspectos jurídicos de recibir una herencia de su tiempo y lo compara con la situación del cristiano.

Un heredero, por ser menor de edad, tenía que tener un tutor o administrador hasta la fecha fijada por su padre. Una vez llegado a la mayoría de edad, el heredero podía tener domino total de su herencia. En la situación del cristiano, cuando el plazo se cumple, Dios envió a su Hijo para rescatarnos de la ley y así llegar a la mayoría de edad. La minoría de edad fue la esclavitud, ya que el heredero no podía utilizar aquello que le pertenecía por derecho. Ahora la mayoría de edad es la libertad en Cristo. Como mayores de edad recibimos nuestra herencia y ya no estamos sujetos a un tutor o administrador.

Gálatas 4:12–20: Pablo y los gálatas

Pablo hace memoria de la gran acogida que los gálatas le brindaron. Era tanto el amor de los gálatas por él, que hasta se habrían sacado los ojos para dárselos a él. Pablo se ve a sí mismo como una madre que engendra a sus hijos; Pablo tiene dolores de parto y como madre acaricia a sus criaturas. En este pasaje se puede apreciar el inmenso amor que Pablo tiene por los gálatas. Ellos han rechazado lo que él les predicó, pero al igual que el amor de una madre, Pablo hace hasta lo imposible por salvar a sus hijos.

Preguntas de reflexión:

1. ¿Qué significa para ti ser hijo o hija de Dios en tu vida?
2. ¿Qué características de Pablo en estos pasajes te llaman más la atención? ¿Por qué?

Oración final (ver página 17)

Decir la oración final antes o después del ejercicio de *lectio divina*.

Lectio divina (ver página 9)

Relaja tu cuerpo y mantén una postura de oración (sentado, ojos cerrados, ambos pies en el piso). Este ejercicio puede tomar el tiempo que sea necesario. En el contexto de este estudio de Biblia, de diez a veinte minutos son suficientes. El propósito de la *lectio divina* es ayudarte a entrar en la dinámica de la oración y contemplación de la Palabra de Dios, que puedas entablar un diálogo con Dios en lo más íntimo de tu corazón. Ve la página 9 para más instrucciones.

Esclavos e hijos (3:23–4:11)

Lectura: Amigo y amiga, por ser herederos de las promesas de Dios en Jesucristo, la ley ya no tiene poder sobre nosotros. Jesucristo nos ha mostrado cómo debe vivir un hijo y heredero de Dios. Él se hace uno de nosotros para redimirnos de nuestros pecados; ya no somos esclavos. El Espíritu Santo que hemos recibido nos guía y nos hace clamar, ¡Abbá!

Meditación: En esta meditación, ¿qué te dice a ti el texto bíblico en este día? Déja que el Señor te examine por medio del texto ya que no son palabras del pasado sino del presente. Con frecuencia no nos vemos como hijos de

Dios por varios errores que cometemos en nuestra vida. Olvidamos que ya no somos esclavos sino hijos libres y maduros de Dios mismo. ¿Por qué es tan difícil creer en semejante don? Amigo y amiga, piensa en la gran dignidad que ahora tienes como heredero del Reino de Dios. Piensa en el gran don del Espíritu Santo que has recibido. Ese don que te permite llamar a Dios eterno, principio y fin de todo lo que existe, Padre.

Oración: Después de esta breve meditación, ¿qué le vas a decir al Señor como respuesta a su Palabra? En el silencio de tu corazón conversa con Él. Guarden un momento de silencio y después todos juntos oren:

Dios eterno, gracias por tu amor,

gracias por tu Hijo Jesucristo,

gracias por el don del Espíritu Santo, Espíritu de vida,

gracias por hacerme heredero de tu Reino. Amén.

Contemplación: ¿Qué conversión de la mente, del corazón y de tu vida te pide el Señor? Amigo y amiga, ¡dale tu mente, tu corazón y tu vida al Señor! Solo Él sabe lo que hay en tu corazón, ¡no tengas miedo!

Amigo y amiga, ¿qué acción o acciones vas a emprender hoy para poner en práctica este mensaje?

Pablo y los gálatas (4:12–20)

Lectura: Amigo y amiga, Pablo se ve a sí mismo como una madre que engendra a sus hijos. Pablo tiene dolores de parto en lo más íntimo de su corazón y en todo su ser. Se ve a sí mismo como una madre que acaricia a sus criaturas. Pablo siente un inmenso amor y dolor por los gálatas. Han rechazado lo que él les predicó.

Meditación: ¿Qué te dice el texto bíblico en este día? Deja que el Señor te examine por medio del texto, ya que no son palabras del pasado sino del presente. Muchas veces se nos olvida el mensaje de salvación que hemos recibido, parece como si nos entrara por un oído y nos saliera por el otro. Muchas veces nuestras propias madres nos recuerdan que debemos vivir una vida digna, de respeto, de compasión y de amor. ¿Escuchamos las palabras de nuestras madres? El Señor es tan grande, que nos llama por medio de la ternura de una madre. Jesucristo tuvo también mamá; él conoce lo que es el verdadero amor de una madre; una madre que se sacrifica en todo por su hijo y lo acompaña hasta el pie de la cruz.

Oración: Después de esta breve meditación, ¿qué le vas a decir al Señor como respuesta a su Palabra? Pídele al Señor que te haga más dócil a su llamado y dale gracias por llamarte y hablarte como una madre amorosa. Guarden un momento de silencio y después todos juntos oren:

Dios Padre,

dame los sentimientos de tu Hijo,

dame los ojos de la fe,

dame los oídos para escucharte.

Que tu voz maternal infunda en mi corazón el fuego de tu amor,

que tu voz maternal transforme mi vida. Amén.

Contemplación: ¿Qué conversión de la mente, del corazón y de tu vida te pide el Señor? Amigo y amiga, ¡dale tu mente, tu corazón y tu vida al Señor! Solo Él sabe lo que hay en tu corazón, ¡no tengas miedo!
Amigo y amiga, ¿qué acción o acciones vas a emprender hoy para poner en práctica este mensaje?

PARTE 2: ESTUDIO PERSONAL (GAL 4:21–6:18)

Día 1: Agar y Sara (4:21–5:1)

Pablo utiliza el ejemplo de Agar y Sara para presentar su enseñanza sobre la esclavitud y la promesa. Contrapone a dos madres: la esclava, Agar, y la libre, Sara. Por medio de estas mujeres tenemos dos nacimientos: el primero, según la capacidad humana, trae al mundo a Ismael; el segundo, según la promesa y el poder de Dios, a Isaac. Pablo relaciona este ejemplo de la Escritura con las dos alianzas entre Dios y su pueblo, la de Abrahán y la del Sinaí. En Abrahán vemos la fe en respuesta a la promesa y en el Sinaí vemos al pueblo recibiendo la ley que Dios mismo le entrega. Jacob, hijo de Isaac, cambió su nombre por Israel y engendró a doce hijos, de donde se formaron las doce tribus de Israel. Posteriormente, en el tiempo señalado por Dios, Jesucristo, hijo de David, nos concedería total libertad de la ley, llevando a cumplimiento la promesa hecha a Abrahán.

Lectio divina

Siguiendo los pasos de la *lectio*, dedica entre ocho y diez minutos en silencio a meditar, orar y contemplar el siguiente pasaje:

Para ser libres nos ha liberado Cristo. Manténganse, pues, firmes y no se dejen oprimir nuevamente bajo el yugo de la esclavitud (Gal 5:1).

Amigo y amiga, ¿qué acción o acciones vas a emprender hoy para poner en práctica este mensaje?

Día 2: La libertad cristiana (5:2-12)

Pablo presenta algunas conclusiones sobre la libertad cristiana. Les dice a los gálatas que Cristo ya los liberó del yugo de la esclavitud, la ley. Cuando Pablo habla sobre la libertad en Cristo, esto no significa que ahora los cristianos pueden hacer lo que les dé la gana. No. A lo que Pablo se refiere es a que la Ley Mosaica ya no los domina. Les advierte que no deben convertirse en esclavos por segunda vez. La circuncisión según la Ley Mosaica los ata a sus preceptos. El que se circuncida y sigue la Ley Mosaica, no puede seguir a Cristo al mismo tiempo. Y no es que la circuncisión fuera algo malo, lo que sucedía es que el ritual comprometía a la persona a seguir la ley.

Por lo tanto, ¿en qué consiste la libertad cristiana? Consiste en ser de Cristo Jesús y seguir a Cristo, cumplimiento de la ley y de los profetas. El ser de Cristo Jesús implica ya no estar atado a la ley, sino esperar la justicia por el Espíritu y la fe. Lo que ahora cuenta para el cristiano es la fe que obra por medio del amor. La circuncisión no le sirve de nada; los que buscan la justicia por la ley, no son libres porque no pueden seguir la ley al pie de la letra y porque la ley no salva. Cristo es el que salva por medio de la fe. La justificación (relación justa y correcta con Dios) no viene de la ley, sino de la fe en Cristo Jesús.

Siguiendo los pasos de la *lectio*, dedica entre ocho y diez minutos en silencio a meditar, orar y contemplar el siguiente pasaje:

> Porque siendo de Cristo Jesús ni la circuncisión ni la incircuncisión tienen eficacia, sino la fe que actúa por la caridad (Gal 5:6).

Amigo y amiga, ¿qué acción o acciones vas a emprender hoy para poner en práctica este mensaje?

Día 3: Guiados por el Espíritu (5:13-26)

Pablo vuelve a afirmar que hemos sido llamados para vivir en libertad. El verdadero sentido de la libertad es ser servidores de los demás por medio del amor. La persona es completamente libre cuando puede darse totalmente y sin condiciones a los demás. Pablo exhorta a dejarse conducir por el Espíritu de Dios para no ser arrastrados por los malos deseos. El Espíritu y los bajos deseos no pueden coexistir. Los frutos del Espíritu son totalmente opuestos a los frutos de los malos deseos; los frutos del Espíritu son vida y alimento para el alma. Los que son de Cristo Jesús han crucificado sus pasiones y deseos bajos, y viven como hijos de Dios por medio de Jesucristo.

La persona de fe vive una vida de amor y está al servicio de los demás. El amor es el cumplimiento de la ley, amor al prójimo como a sí mismo. Cuando Pablo habla sobre la ley en este texto, no se refiere a la ley mosaica sino a la ley natural, la que todo ser humano debe seguir. La ley natural nos indica cuando algo es bueno o malo, ya que está grabada en nuestro corazón y conciencia. Pablo utiliza la imagen común del Espíritu contra la carne. Pablo no está hablando del cuerpo y del alma sino del mundo de Dios (Espíritu) y el mundo del pecado (carne). El Espíritu y la carne son opuestos y por lo tanto entran en conflicto, no pueden coexistir.

Lectio divina

Siguiendo los pasos de la *lectio*, dedica entre ocho y diez minutos en silencio a meditar, orar y contemplar el siguiente pasaje:

Ustedes, hermanos, han sido llamados a la libertad; pero no tomen de esa libertad pretexto para la carne; antes al contrario, sírvanse unos a otros por amor (Gal 5:13).

Amigo y amiga, ¿qué acción o acciones vas a emprender hoy para poner en práctica este mensaje?

Día 4: Ayuda mutua (6:1–10)

Pablo exhorta a los gálatas a que corrijan al pecador con ternura y compasión. Al mismo tiempo, también les pide que se protejan de las tentaciones del pecado. Como miembros de la comunidad deben aprender a cargar con las dolencias de los demás. Pablo ve en este tipo de acciones un signo del cristiano verdaderamente acatando la ley de Cristo. Y también es importante no sentirse más que los demás. Todos juntos deben cargar con sus propias dolencias y problemas, y gloriarse de ello. Esto es gloriarse verdaderamente en el Señor porque llevan con gozo la cruz de Cristo.

Algo característico de Pablo es su manera práctica de responder a las situaciones de conflicto que se suscitaban en las comunidades. Una manera concreta de seguir al Espíritu es por medio de la corrección fraterna. Esta corrección es un acto de amor siempre y cuando sea una corrección humilde y acompañada de un examen de conciencia. Pablo les advierte que de Dios nadie se burla, lo que uno siembra eso cosechará. Los que siembran para el Espíritu, del Espíritu cosecharán la vida eterna. Hay que hacer siempre el bien a todos, especialmente a los miembros de la comunidad.

Lectio divina

Siguiendo los pasos de la *lectio*, dedica entre ocho y diez minutos en silencio a meditar, orar y contemplar el siguiente pasaje:

Hermanos, si alguno es sorprendido en alguna falta, ustedes, los espirituales, corríjanlo con espíritu de mansedumbre, y cuídate de ti mismo, pues también tú puedes ser tentado (Gal 6:1).

Amigo y amiga, ¿qué acción o acciones vas a emprender hoy para poner en práctica este mensaje?

Día 5: Conclusión y despedida (6:11-18)

Pablo afirma que lo que está escrito viene de su propia mano y en letras grandes para que puedan leerlo y escucharlo con la mente y el corazón. Aquí resume sus ideas principales y los vuelve a animar a abrazar la cruz de Cristo y a no temer a las persecuciones como hacen los cobardes. Pablo critica severamente a los judaizantes por enseñar un Evangelio vacío de Jesucristo, del Evangelio de la cruz. Los acusa de forzar a las personas a circuncidarse. Pablo los acusa de querer ganar un mayor número de seguidores de la ley.

Para Pablo lo que importa no es estar o no estar circuncidado, sino ser una nueva criatura. La nueva criatura abraza el gran don de Dios por medio de la fe en Cristo Jesús. Las marcas de Jesús crucificado son las nuevas marcas de la circuncisión del corazón. Por ello Pablo se gloría en la cruz de Cristo. El mundo ha muerto para Pablo a través de la cruz y Pablo ha muerto para el mundo porque ha sido crucificado con Cristo. El mundo ya no tiene nada más que ofrecerle a Pablo; él ahora es una nueva creación de Dios en Cristo. Por lo tanto, Pablo lleva física y espiritualmente las heridas de Cristo.

Lectio divina

Siguiendo los pasos de la *lectio*, dedica entre ocho y diez minutos en silencio a meditar, orar y contemplar el siguiente pasaje:

En cuanto a mí, ¡Dios me libre de gloriarme si no es en la cruz de nuestro Señor Jesucristo, por la cual el mundo es para mí un crucificado y yo un crucificado para el mundo! (Gal 6:14).

Amigo y amiga, ¿qué acción o acciones vas a emprender hoy para poner en práctica este mensaje?

Preguntas de reflexión:

1. ¿Por qué afirma Pablo que la Ley Mosaica no da la verdadera libertad?
2. Para ti, ¿qué significa vivir en una comunidad de amor fraterno? ¿Es tu comunidad un ejemplo de amor fraterno?
3. ¿De qué maneras en la sociedad y mundo actual ves la batalla entre el Espíritu y los deseos bajos de las pasiones?
4. ¿De qué manera explicarías en qué consiste la verdadera libertad cristiana?
5. ¿Qué frutos del Espíritu Santo puedes ver en tu comunidad o en tu familia?

Las Cartas a los Corintios y a los Filipenses

Las cartas de Pablo a los Corintios

Lea este resumen antes de la primera clase.

Pablo escribe a la Iglesia de Dios que él estableció en Corinto. Sus cartas a los corintios se parecen a las cartas que los padres envían a sus hijos cuando quieren darles consejos y enseñanzas. Pablo había recibido algunas noticias muy desagradables de esta comunidad, que le fueron comunicadas por personas que él conocía y estimaba. Sus cartas las escribe en respuesta a las dificultades que la Iglesia en Corinto experimentaba. Las cartas reflejan sus propios sufrimientos así como su deseo de que los corintios permanezcan fieles a sus enseñanzas. Estas cartas nos muestran algunas facetas de su carácter; se muestra como un padre preocupado por sus hijos.

Estas cartas nos presentan algunas características particulares de la Iglesia en Corinto. Nos dan una buena idea de cómo los miembros de esa comunidad trataban de vivir el mensaje de Cristo en sus vidas. La comunidad tenía una abundancia de bienes espirituales y sorpresivamente estos dones habían causado ciertas divisiones. Pablo trata de corregir la forma de entender y utilizar estos dones. Para darnos una idea de la gravedad, hasta la celebración del sacramento del bautismo había sembrado divisiones. Algunos grupos declaraban que su bautismo era superior al de otros porque el apóstol Pablo los había bautizado.

El autor de las cartas

Al comienzo de ambas cartas a los corintios, Pablo declara que él es el autor. Hacia finales del primer siglo de la era cristiana, el papa Clemente proporciona evidencias de que Pablo, el apóstol, era el autor de estas cartas. La autoría paulina de estas cartas se refleja en el estilo, el contenido y la manera de hablar de Pablo. El consenso entre los biblistas es que las Cartas a los Corintios son auténticamente de Pablo. El libro de los Hechos de los Apóstoles nos proporciona un relato de la actividad de Pablo entre los corintios (Hch 18:1–18). Pablo muy probablemente fue a Corinto alrededor del año 50 d.C., durante lo que se conoce como su segundo viaje misionero. Ahí permaneció aproximadamente dieciocho meses. Él mismo admite en su carta que empezó su ministerio entre los corintios con gran temor (1 Cor 2:3).

Durante su ministerio en Corinto, Pablo permaneció por un tiempo con una familia judía y predicaba cada semana en la sinagoga. Explicaba que Jesús era el Mesías, pero encontró resistencia en la sinagoga. Esto llevó a Pablo a sacudirse sus vestimentas como signo de rechazo, lo cual era un gesto común en el tiempo de Pablo. Con este gesto Pablo renuncia a su misión evangelizadora entre los judíos y decide predicar a los gentiles. Se va a vivir a la casa de Tito y Justo, dos gentiles. Convirtió a un líder de la sinagoga llamado Crispo y a su familia, y a muchos otros corintios (1 Cor 1:14). El Señor se le apareció a Pablo en un sueño y lo animó a no tener miedo y a seguir con su predicación. Cristo le prometió protección. Después de dieciocho meses en Corinto, Pablo había convertido a muchos gentiles.

Los destinatarios de las cartas

Los romanos habían destruido la antigua ciudad de Corinto alrededor del año 146 a.C. Un siglo más tarde, Julio César ordena la reconstrucción de la ciudad. Debido a que contaba con puertos en dos mares, Corinto se convierte en un centro natural para el comercio entre el este y el oeste. La ciudad se convirtió en un lugar multicultural con diversas costumbres y estilos de vida. Entre la población de Corinto había ciudadanos romanos, judíos, comerciantes de distintos puertos y gente nativa de la zona. En el mundo antiguo, a Corinto se le identificaba con todos los males de la época, incluyendo la prostitución. Era muy común el culto pagano. Pablo predicó sobre Cristo en esta ciudad corrupta y convirtió a muchos gentiles. El haber fundado una comunidad cristiana en un lugar con un ambiente tan adverso muestra la vitalidad, la valentía y la fe de Pablo. La fidelidad de los corintios hacia Pablo muestra que les inculcó una fe muy sólida, tan sólida que la conservaron a pesar de tener que practicarla en una atmosfera tan corrupta.

Fecha y lugar de composición de las cartas

El consenso entre los biblistas es que Pablo escribió su primera carta en Éfeso. Esta era una antigua ciudad griega que posteriormente pasó a ser parte del Imperio Romano. Era una ciudad grande de Asia Menor (en la actualidad Turquía). Es difícil precisar la fecha de composición de la carta. Los biblistas opinan que la carta se escribe entre los años 53 y 56 o 57. La segunda carta de Pablo parece ser una colección de varias de sus cartas que fueron recopiladas por un editor. Algunos biblistas piensan que fue el mismo Pablo quien hizo la recopilación.

Estructura de 1 Corintios

Condenación por los desórdenes en la comunidad de Corinto (1:1–4:21)

Pablo expresa su conocimiento sobre la existencia de divisiones entre los corintios y los reta a que vivan el mensaje de Cristo. Les pide que contemplen la locura de la cruz, fuente de la verdadera sabiduría. Esta sabiduría no viene del mundo sino del Espíritu. La división entre los corintios demuestra que no han entendido la profundidad de este mensaje.

Los desórdenes morales (5:1–11:1)

Pablo hace una lista de los desórdenes que existen en la comunidad de Corinto y los instruye en el comportamiento correcto. Por ejemplo, un hombre que tenga relaciones sexuales con su madrastra debe ser expulsado de la comunidad para que purifique su corazón y para el bien de la comunidad. La libertad en Cristo no debe convertirse en libertinaje sexual ya que nuestro cuerpo es Templo del Espíritu Santo. Es importante abstenerse de comer carne sacrificada a los ídolos para no escandalizar a los más débiles en la fe. El principio que guía la enseñanza de Pablo es el de hacer todo por la gloria de Dios e imitar a Cristo.

La conducta durante el culto y los dones espirituales (11:2–14:40)

Pablo aborda el tema del papel de las mujeres en el culto y afirma que todos debemos reunirnos en torno a la mesa del Señor con amor. Los dones que proceden del Espíritu son dados para el bien común, para el beneficio del cuerpo de Cristo. El cristiano debe buscar el mayor de los dones, el amor. Este don ayuda a la persona a utilizar los dones para el bien de toda la comunidad.

La resurrección (15:1–58)

Para los miembros de la comunidad que no creían en la resurrección de los muertos, Pablo afirma que Cristo fue el primero en resucitar y que todos los que creen en él tendrán una resurrección similar. El cuerpo que resucitará será un cuerpo glorificado, diferente a nuestro cuerpo natural.

La colecta (16:1–24)

Pablo concluye su carta dando instrucciones a la asamblea para que reúnan las limosnas para la Iglesia de Jerusalén. Les expresa sus planes y envía sus saludos y los de otros a la comunidad de Corinto.

Estructura de la Segunda Carta a los Corintios

Saludo inicial (1:1–11)

Pablo da gracias por la aceptación que los corintios le han dado a sus cartas y por su fortaleza para permanecer firmes en la fe.

La crisis en Corinto (1:12–7:4)

Pablo comenta que tenía planes de visitar Corinto, pero fue detenido. Exhorta de manera urgente a la comunidad a que perdonen al infractor y expresa su preocupación por su compañero Tito, quien suele acompañarlo. Pablo aclara que es ministro de la Nueva Alianza y la contrasta con la Antigua Alianza. Anima a los corintios a vivir su llamado a la santidad y se regocija cuando recibe noticias de que los corintios se han reconciliado por su mensaje.

La colecta para Jerusalén (8:1–9:15)

Pablo sigue animando a la comunidad a trabajar en la colecta para la iglesia de Jerusalén y les agradece su gran generosidad; envía a Tito a recoger la colecta.

La apología de Pablo – su autodefensa (10:1–13:10)

Pablo responde a los que lo atacan alegrándose y alabándose a sí mismo. Aclara que hace esto hablando como loco ya que para él, el que quiera gloriarse, debe hacerlo en el Señor.

Conclusión 13:11–13

Finaliza su carta con un mensaje de ánimo para la comunidad y le da su bendición utilizando la formula trinitaria.

La carta de Pablo a los Filipenses

Los destinatarios de la carta

La ciudad de Filipos era una colonia romana desde el año 31 a.C. y contaba con derecho a la ciudadanía romana. Era una importante ciudad en la parte noreste de Grecia. Era un puerto marítimo localizado sobre la vía Ignacia, carretera principal que unía al Mar Adriático con la ciudad de Bizancio en Asia Menor. En esta ciudad vivía un buen número de gentiles (población romana) y una pequeña comunidad judía. Los Hechos de los Apóstoles, en el capítulo 16, narran que esta fue la primera ciudad europea visitada y evangelizada por Pablo y Silas hacia el año 49 d.C. De esta manera, Pablo fundó en Filipos la primera comunidad cristiana de Europa. Pablo siempre se sintió vinculado de una manera especial a esta comunidad y solo de ellos aceptó ayuda económica.

Lugar y fecha en que se escribió la carta

Según algunos biblistas, Pablo escribe su carta a los filipenses desde Roma, alrededor del año 62 d.C. Según la tradición, Pablo fue martirizado poco tiempo después de haber escrito esta carta. Sin embargo, la mayoría de los biblistas piensa que Pablo pudo haber escrito esta carta desde una prisión en Éfeso. Según ellos, si la carta fue escrita en esa ciudad, entonces se puede explicar mejor el viaje de Epafrodito, el intercambio de noticias y su intención de visitarlos pronto.

Ocasión y contenido de la carta

En la carta se puede apreciar cómo Pablo y la comunidad de los filipenses habían desarrollado una profunda relación, había entre ellos una relación de un padre con sus hijos. Pablo les habla con gran afecto y los anima a que continúen creciendo y perseverando en su amor por el Señor Jesucristo. Este mutuo amor los anima a ayudar económicamente a Pablo mientras está en la prisión. Pablo les envía su carta por medio de Epafrodito para expresarles su gran amor y ofrecer su consejo sobre los conflictos existentes en la comunidad. A través de un himno litúrgico los exhorta a que tengan los mismos sentimientos de Cristo, que se humilló a sí mismo al tomar nuestra condición y fue obediente a su misión hasta la muerte y muerte de cruz. El himno concluye con un tono triunfal, proclamando que toda rodilla debe doblarse y confesar que Jesucristo es el Señor.

Las discordias entre los corintios y ser ministros de Cristo

1 CORINTIOS 1–7

"Pues la predicación de la cruz es una locura para los que se pierden; mas para los que se salvan —para nosotros— es fuerza de Dios" (1 Cor 1:18).

Oración inicial (ver página 17)

Contexto

Parte 1: 1 Corintios 1:1–5:13: Pablo se dirige a la comunidad de Corinto que está experimentando diversas discordias las cuales ponen en peligro la unidad. Los exhorta a vivir en armonía de pensamiento y opinión. Pablo responde a las discordias sobre el bautismo hablando del mensaje de la cruz. Afirma que toda sabiduría viene de la locura de la cruz, ya que es mediante ella que Dios se dispuso a salvar a los creyentes. La locura de Dios es más sabia que la sabiduría de los seres humanos y la debilidad de Dios mucho más fuerte que la fortaleza de los seres humanos. Pablo afirma que Dios ha revelado su misteriosa y eterna sabiduría por medio del Espíritu. Por lo tanto, si han recibido el don del Espíritu Santo, entonces son capaces de comprender los dones que Dios les ha dado.

Por otra parte, Pablo critica severamente la inmadurez de los corintios. Afirma que les ha hablado como niños en la vida cristiana; les ha dado de beber leche y no sólido alimento porque aún no estaban listos para recibirlo. Les recuerda que él ha plantado las semillas, pero es Dios quien la hace crecer. Pablo los invita a ser ministros de Cristo. Les pide que hagan lo posible por que la gente los considere servidores de Cristo y administradores de los secretos de Dios. Por último, empieza su enseñanza ética y habla del caso del incestuoso. Critica severamente este acto inmoral, que no se da ni entre los paganos y mucho menos debe de darse entre los consagrados del Señor.

Parte 2: 1 Corintios 6:1 – 7:40: Pablo prosigue con su enseñanza moral en estos capítulos. Argumenta que las diferencias entre los cristianos deben tratarse ante el juicio de los consagrados, no en los tribunales paganos. También habla de la libertad cristiana y el gran problema de la fornicación. El cuerpo no es para la fornicación, sino para el Señor y el Señor es para nuestro cuerpo. Nuestros cuerpos son miembros de Cristo y santuarios del Espíritu Santo.

Por último, Pablo habla del matrimonio y del celibato. Pablo afirma que, así como el cuerpo de la mujer le pertenece al marido, así también el cuerpo del marido le pertenece a la mujer. Exhorta al hombre y a la mujer a cumplir sus deberes como cónyuges y a dedicarse a la oración. Pablo admite que él desearía que todos fueran como él, esto es, célibes, pero cada uno recibe de Dios un don particular, una vocación. Cada uno debe ser fiel al estado al cual Dios lo ha llamado. Sobre el matrimonio y la virginidad, Pablo expresa su opinión muy personal. Teniendo en cuenta los momentos difíciles por los que él atravesaba, su opinión era que el hombre y la mujer vivieran una vida de virginidad. Su deseo era que vivieran libres de las preocupaciones que son parte del matrimonio. Él, a final de cuentas, quería que todos se preocuparan solamente de agradar al Señor sin reservas.

Leer 1 Corintios 1:1–5:13 en voz alta.

1:1–17: Saludos, acción de gracias y las discordias en Corinto

Pablo se presenta como apóstol de Cristo Jesús llamado por la voluntad de Dios. Su mensaje es de índole universal ya que dirige su saludo a la Iglesia de Dios en Corinto y a todos los que en cualquier lugar invoquen el nombre de Jesucristo. Pablo les recuerda que siempre da gracias a Dios por ellos, por la gracia que Él les ha dado en Jesucristo. Los exhorta a que sigan firmes en la fe, ya que Dios los sostendrá hasta el final para que en ese día sean irreprochables ante el Señor Jesucristo. Dios es siempre fiel y nos ha llamado a estar en comunión con Jesucristo.

Inmediatamente después del saludo, Pablo confronta las discordias que se están suscitando en Corinto. Les pide que pongan fin a las discordias y que no haya más divisiones entre ellos. El problema es que se están identificando más con ciertos personajes y están olvidando que Cristo fue el que murió por ellos en la cruz y que el bautismo es en el nombre de Cristo. Pablo lanza un poderoso llamado a la concordia y que se dejen de conversaciones absurdas como si Cristo estuviese dividido. Pablo afirma que Cristo lo envió a anunciar la Buena Nueva para que de esta manera no pierda su eficacia la cruz.

1:18–31: El mensaje de la cruz

La Buena Nueva que Pablo proclama está centrada en la realidad de la cruz. El mensaje de Pablo es la cruz de Cristo. El misterio de Cristo crucificado es un escándalo para los judíos y una locura para los sabios de este mundo, los griegos. Los sabios buscan la verdad por medio de la razón y la sabiduría humana. La cruz de Cristo es locura y debilidad de Dios para los sabios, y fuerza y sabiduría de Dios para los creyentes. La justicia de Dios es Jesucristo crucificado; de ahí nace el gran amor de Dios por su creación, sobre todo, por los seres humanos.

Los sabios con su gran conocimiento no lograron reconocer a Dios que manifiesta su sabiduría por medio de sus obras. Por eso Dios decidió manifestarse por la locura de la cruz. Paradójicamente, Pablo afirma que Dios escogió a los más débiles para humillar a los más fuertes. De esta manera nadie puede gloriarse en sus propias fuerzas, sino que hay que gloriarse en el nombre del Señor. Así pues, podemos ver que Jesucristo crucificado está en el corazón de la teología de Pablo.

2:1–16: Sabiduría superior revelada por el Espíritu

Pablo les recuerda que llegó débil y temblando de miedo ante ellos en su primera visita. Su mensaje y proclamación se apoyaban en el poder del Espíritu; era el Espíritu el que lo guiaba y de esta manera certificaba que la fe recibida se fundaba en el poder divino y no en la sabiduría humana. Dios eligió a los corintios para manifestarles su sabiduría misteriosa y secreta gratuitamente. Lo que ni el ojo vio, ni el oído oyó, ni la mente humana pudo concebir, Dios lo ha preparado para aquellos que lo aman.

Esta sabiduría se ha manifestado por medio del Espíritu. Puesto que recibieron el Espíritu de Dios, ahora son capaces de escudriñar el misterio que han recibido. Ahora que son seres espirituales pueden digerir cosas espirituales. La locura y escándalo de la cruz para gentiles y judíos no lo es para los creyentes. Ahí radica la sabiduría de Dios: el que se entregó al mundo para nuestra salvación no puede ser entendido por el hombre natural sino por el espiritual. El hombre puramente natural solo acepta lo natural, pero el hombre espiritual conoce la mente del Señor porque posee el pensamiento de Cristo.

3:1–23: La inmadurez de los corintios

Después de exponer brevemente el corazón de su mensaje, Pablo afronta la problemática que agobiaba a la comunidad de Corinto. Los problemas principales de esta crisis son las envidias y las discordias que ponen en peligro la unión de la comunidad. Pablo les aclara que en el principio no pudo hablarles como a personas espirituales sino como personas sencillas, ya que no estaban todavía maduros. Sin embargo, ya después de un buen tiempo, él sigue sin poder hablarles como personas maduras ya que se siguen dejando guiar por el instinto. La conducta de los corintios refleja los criterios humanos de comportamiento y no los de los cristianos.

Pablo confronta el problema del culto a la personalidad; este culto es el que crea los problemas de envidias, discordias, escándalos y divisiones. Pablo afronta esta problemática de manera admirable. Los llama el campo de Dios y el edificio de Dios. A los ministros y servidores los llama colaboradores de Dios ya que solo Dios hace crecer las cosas; nosotros plantamos, pero es Dios quien guía todo. Pablo los llama santuario de Dios y del Espíritu Santo. La belleza del mensaje de Pablo es que no hay ningún tipo de condena, simplemente expone la realidad de que los creyentes de Corinto son un pueblo consagrado a Dios. Todos los hombres y las mujeres son el nuevo santuario sagrado de Dios; en este santuario habita Dios mismo. Pablo nos comunica el lenguaje más sublime sobre la dignidad de la persona humana. Por tanto, nadie puede gloriarse en sí mismo, sino en el Señor. Todos somos de Dios en Cristo.

4:1–21: Ministros de Cristo

Un grupo muy pequeño en Corinto menospreciaba la capacidad intelectual de Pablo; lo comparan con Apolo y con otros predicadores más elocuentes. Sin embargo Pablo responde a las severas críticas en su contra de manera magistral y de paso refleja la mediocridad y falta de inteligencia de sus adversarios. Su mensaje comienza con el enfoque en que él y sus compañeros son servidores de Cristo y administradores de los secretos de Dios. La principal característica de un servidor y administrador es la fidelidad a Cristo Jesús. A Pablo no le importan las críticas que le hacen ya que solo Dios juzga.

Pablo proporciona una confesión de lo que ha significado y lo que significa ser servidores de Dios y permanecer fieles a la misión que todo servidor y administrador ha recibido. Contrapone las actitudes de sus críticos con las que son propias de su ministerio y el de sus compañeros. Pablo por Cristo es un loco, un débil, un despreciado. Pablo y los demás pasan hambre, van medio desnudos, son golpeados, no tienen casa fija, están fatigados y trabajan con sus propias manos. Es más, son insultados, perseguidos, calumniados y hasta considerados la basura del mundo; son el desecho de todos. Pablo les dice a los corintios que él los engendró para Cristo cuando les predicó la Buena Nueva. Les pide que sigan su ejemplo. El Reino de Dios no es de palabras sino de obras. De esta manera, Pablo les reprocha su actitud de superioridad; están saciados de vanagloria y no de la cruz de Cristo.

5:1-13: El incestuoso

Pablo afronta con mucha claridad las conductas inmorales que se presentan en la comunidad de Corinto. Estos casos nos dan una idea muy clara de la gran corrupción moral que había en la ciudad de Corinto. Los cristianos convivían con aquellos que no eran miembros de la comunidad y algunos caían en situaciones de inmoralidad. Pablo es tan severo en su respuesta a estas situaciones, que llega a amenazar a los infractores con expulsarlos de la comunidad.

Pablo denuncia un caso de incesto. Propone una reunión de la comunidad, en el nombre del Señor Jesús, para tratar esta situación y así decidir qué hacer con el incestuoso. El castigo que se busca es uno que sea medicinal y caritativo, de manera que el infractor tenga siempre a su alcance la salvación de Dios. Por otra parte, los anima a celebrar la Eucaristía con sinceridad y verdad. También les pide que no frecuenten a gente inmoral ya que tales personas, que son pocas, son como la levadura que puede fermentar toda la masa. Debe prevalecer la levadura de Cristo y no la de las personas inmorales.

Preguntas de reflexión:

1. Pablo habla sobre las discordias que se presentan en la comunidad de Corinto. Teniendo esto en mente, ¿se han dado problemas similares en tu comunidad? Si así ha sucedido, ¿llegaron a una solución? ¿Cuál fue?
2. ¿Por qué crees que es tan difícil de aceptar el mensaje de la cruz?
3. ¿Crees que tu comunidad ha llegado a la madurez espiritual que Pablo tanto ansiaba en la comunidad de Corinto? Si no es así, ¿qué haces para ayudar a los personas a llegar a esa madurez en la fe?
4. Pablo critica el culto a la personalidad que se ha suscitado en Corinto. ¿Hay situaciones similares en tu comunidad? Si es así, ¿se ha afrontado esta situación? Fuera de tu comunidad, ¿en qué otros lugares se puede ver claramente el culto a la personalidad?
5. Pablo nos llama colaboradores de Dios. ¿De qué maneras se refleja esta colaboración en tu comunidad?

Oración final (ver página 17)

Decir la oración final antes o después del ejercicio de *lectio divina*.

Lectio divina (ver página 9)

Relaja tu cuerpo y mantén una postura de oración (sentado, ojos cerrados, ambos pies en el piso). Este ejercicio puede tomar el tiempo que sea necesario. En el contexto de este estudio de Biblia, de diez a veinte minutos son suficientes. El propósito de la *lectio divina* es ayudarte a entrar en la dinámica de la oración y contemplación de la Palabra de Dios, que puedas entablar un diálogo con Dios en lo más íntimo de tu corazón. Ve la página 9 para más instrucciones.

Saludos, acción de gracias y las discordias en Corinto (1:1–17)

Lectura: Amigo y amiga, Pablo se presenta como apóstol de Cristo Jesús llamado por la voluntad de Dios. Les pide a los corintios que sigan firmes en la fe, ya que Dios los mantendrá hasta el final para que en ese día sean irreprochables ante el Señor Jesucristo. Afirma que Dios es siempre fiel y que nos ha llamado a estar en comunión con Jesucristo. Por otra parte, Pablo sale al paso de las discordias que se están suscitando en Corinto. Varios grupos se están identificando más con ciertos personajes y se están olvidando de que fue Cristo quien murió por ellos en la cruz y que el bautismo es en el nombre de Cristo. Pablo lanza un enérgico llamado a la concordia y a que se dejen de conversaciones absurdas, como si Cristo estuviese dividido. Pablo afirma que Cristo lo envió a anunciar la Buena Nueva para que de esta manera no pierda su eficacia la cruz.

Meditación: ¿Qué te dice a ti el texto bíblico en este día? Déjate examinar por el texto, no son palabras del pasado sino del presente. El texto nos invita a hacernos un autoexamen sobre la manera en que nos relacionamos con otras personas en nuestra comunidad de fe. Amigo o amiga, ¿has caído en la trampa de identificarte más con otra persona que no sea Jesús? ¿Quién fue el que murió por ti en la cruz, tu párroco, tu obispo o Jesús? Reflexiona sobre la importancia de mantener siempre en mente que es Cristo el que murió por ti.

Oración: Después de esta breve meditación, ¿qué le vas a decir al Señor como respuesta a su Palabra? En silencio pídele que te dé la gracia para que te auxilie en los momentos difíciles a los cuales te enfrentas. Lo que el Señor nos pide es fidelidad. Guarden un momento de silencio y después todos juntos oren:

Señor Jesucristo, Tú nos has dicho:
donde dos o más se reúnen en mi nombre, ahí estoy yo en medio de ellos.
Danos la fortaleza para seguirte.
No nos dejes caer en la tentación de poner nuestra fe en otros,
ven en nuestro auxilio en los momentos difíciles...
Señor, en ti confío.

Contemplación: ¿Qué conversión de la mente, del corazón y de tu vida te pide el Señor? Amigo y amiga, ¡dale tu mente, tu corazón y tu vida al Señor! Solo Él sabe lo que hay en tu corazón, ¡no tengas miedo!

Amigo y amiga, ¿qué acción o acciones vas a emprender hoy para poner en práctica este mensaje?

El mensaje de la cruz (1:18–31)

Lectura: Amigo y amiga, la Buena Nueva que Pablo proclama está centrada en la realidad de la cruz. El mensaje de Pablo es la cruz de Cristo. El misterio de Cristo crucificado es un escándalo para los judíos y una locura para los sabios de este mundo. Los sabios buscan la verdad por medio de la razón y la sabiduría humana. La justicia de Dios es Jesucristo crucificado; de ahí mana el gran amor de Dios por su Creación, sobre todo por los seres humanos. Los sabios con sus muchos conocimientos no lograron reconocer a Dios a través de sus obras, por eso Dios decidió manifestarse por la locura de la cruz.

Meditación: ¿Qué te dice a ti el texto bíblico en este día? Déjate examinar por el texto, no son palabras del pasado, sino del presente. En esta meditación sería conveniente contemplar la cruz de Cristo. Une tu corazón y tu mente al dolor de Cristo crucificado y abandonado. Esta es la fuente de sabiduría y salvación del cristiano. ¡No diluyas con reflexiones vanas el contenido de esta verdad!

Oración: Después de esta breve meditación, ¿qué le vas a decir al Señor como respuesta a su Palabra? Cierra tus ojos y piensa en los momentos en que Jesús cargó con tu cruz. ¿Qué ves en su rostro al momento de cargar con tu cruz? Ora en silencio para que Dios te dé su Espíritu de amor.

Contemplación: Pasamos de la oración a la contemplación. ¿Qué conversión de la mente, del corazón y de tu vida te pide el Señor? Amigo y amiga, ¡dale tu mente, tu corazón y tu vida al Señor! Solo Él sabe lo que hay en tu corazón, ¡no tengas miedo!

Amigo y amiga, ¿qué acción o acciones vas a emprender hoy para poner en práctica este mensaje?

Sabiduría superior revelada por el Espíritu (2:1–16)

Lectura: Amigo y amiga, Pablo les recuerda a los corintios que llegó débil y temblando de miedo ante ellos en su primera presentación. Su mensaje y proclamación se apoyaba en el poder del Espíritu; era el Espíritu el que lo guiaba. La fe que él trasmitió se apoyaba en el poder divino, no en la sabiduría humana. Dios eligió a los corintios para manifestarles gratuitamente su sabiduría misteriosa y secreta. Lo que ni ojo, ni oído ni mente humana pudieron concebir, Dios lo ha preparado para aquellos que lo aman. Esta sabiduría se ha manifestado por medio del Espíritu. Puesto que recibieron el Espíritu de Dios, ahora son capaces de escudriñar el misterio que han recibido. Ahora que son seres espirituales pueden digerir cosas espirituales. El hombre puramente natural solo acepta lo natural; pero el hombre espiritual conoce la mente del Señor porque posee el pensamiento de Cristo.

Meditación: ¿Qué te dice a ti el texto bíblico en este día? Déjate examinar por el texto, no son palabras del pasado sino del presente. Lo que ni ojo, ni oído ni mente humana pudieron concebir, Dios lo ha preparado para aquellos que lo aman. Qué grandiosa es la misericordia del Señor que nos ha confiado su misterio eterno, Jesucristo. Amigo y amiga, has recibido el Espíritu Santo para poder escudriñar el misterio oculto por siglos. Toma unos momentos en silencio y saborea estas palabras de vida eterna y deja que el Espíritu mueva tu corazón.

Oración: Después de este breve momento de reflexión, ¿qué le vas a decir al Señor como respuesta a su Palabra? Cierra tus ojos, levanta tus manos y eleva tu corazón al Señor. En un acto de total entrega pídele la gracia para que te ayude a entrar en la dinámica de su gran misterio que ahora está a tu alcance, Jesucristo. Guarda unos momentos de silencio.

Contemplación: ¿Qué conversión de la mente, del corazón y de tu vida te pide el Señor? Amigo y amiga, ¡dale tu mente, tu corazón y tu vida al Señor! Solo Él sabe lo que hay en tu corazón, ¡no tengas miedo!

Amigo y amiga, ¿qué acción o acciones vas a emprender hoy para poner en práctica este mensaje?

La inmadurez de los corintios (3:1–23)

Lectura: Amigo y amiga, Pablo afronta la problemática que agobiaba a la comunidad de Corinto. Las envidias y las discordias ponían en peligro la unión de la comunidad. Pablo les aclara que al principio no pudo hablarles como a personas espirituales sino como personas sencillas, ya que no estaban todavía maduros. Sin embargo, él sigue sin poder hablarles como personas maduras ya que se siguen dejando guiar por el instinto. La conducta de los corintios refleja los criterios humanos de comportamiento, no los cristianos. Uno de los grandes problemas que Pablo enfrenta es el culto a la personalidad. Responde a esta problemática de manera admirable: llama a los corintios "campo de Dios" y "edificación de Dios". A los ministros y servidores los llama colaboradores de Dios; nosotros plantamos, pero es Dios el que hace crecer la semilla. Pablo los llama santuario de Dios y del Espíritu Santo. Todos los hombres y las mujeres son el nuevo santuario sagrado de Dios; en este santuario habita Dios mismo.

Meditación: ¿Qué te dice a ti el texto bíblico en este día? Déjate examinar por el texto, no son palabras del pasado sino del presente. Es necesario meditar sobre las palabras de Pablo. Afirma que somos el campo, el edificio y los ministros-servidores-colaboradores de Dios. ¿Qué te hacen pensar estos títulos que Pablo nos da? ¿En qué maneras te ves como edificio de Dios?

Oración: Después de la meditación, ¿qué le vas a decir al Señor como respuesta a su Palabra? En un momento de oración mental pídele al Señor que te asista a comprender mejor tu realidad como santuario de Dios mismo y del Espíritu Santo. Guarden un momento de silencio y después todos juntos oren:

Ven a mí Espíritu Santo,

dame el fuego de tu amor para vivir como Templo tuyo.

Ven a mí Espíritu Santo,

llena mi corazón del fuego de amor.

Ven a mí Espíritu Santo,

mueve mi corazón para ser mejor colaborador

de la viña del Señor. Amén.

Contemplación: ¿Qué conversión de la mente, del corazón y de tu vida te pide el Señor? Amigo y amiga, ¡dale tu mente, tu corazón y tu vida al Señor! Solo Él sabe lo que hay en tu corazón, ¡no tengas miedo!

Amigo y amiga, ¿qué acción o acciones vas a emprender hoy para poner en práctica este mensaje?

Ministros de Cristo (4:1–21)

Lectura: Amigo y amiga, Pablo era menospreciado por un grupo muy pequeño en Corinto; lo consideraban falto de capacidad intelectual. Pablo afirma que él y sus compañeros son servidores de Cristo y administradores de los secretos de Dios. La principal característica de un servidor y administrador es la fidelidad a Cristo Jesús. A Pablo no le importan las críticas que le hacen ya que solo Dios es el que juzga. Pablo proporciona una confesión de lo que significó y significa ser servidores de Dios fieles a la misión. Pablo por Cristo es un loco, un débil, un despreciado, pasa hambre, es golpeado, no tiene casa fija, está fatigado y trabaja con sus propias manos. Es más, es insultado, perseguido, calumniado y hasta considerado la basura del mundo, es el desecho de todos. De esta manera, Pablo les reprocha su actitud de superioridad; están saciados de vanagloria y no de la cruz de Cristo.

Meditación: ¿Qué te dice a ti el texto bíblico en este día? Déjate examinar por el texto, no son palabras del pasado sino del presente. Amigo, amiga, ¿qué te dicen estas palabras de Pablo? ¿Estás dispuesto a pasar lo que él pasó por amor a Jesucristo? En esta meditación creo conveniente grabar en el corazón las palabras del apóstol: ser un loco por Cristo. Tal como dos enamorados están locos el uno por el otro, así debe ser nuestro amor por Cristo. Estar dispuesto a todo y hasta hacer el ridículo para que Cristo en nosotros sea más, más y más.

Oración: Después de esta breve meditación, ¿qué le vas a decir al Señor como respuesta a su Palabra? En el silencio de tu corazón pídele al Señor que te dé su gracia para poder ir contracorriente. Guarden un momento de silencio y después todos juntos oren:

Jesucristo, quiero ser un loco tuyo,

quiero pasar hambres, penas y glorias.

Jesucristo, quiero hacer el ridículo en tu nombre,

quiero ir contracorriente en tu nombre para que más personas te conozcan.

Jesucristo, ayúdame a no ser un mero espectador de la historia,

sino a ser su protagonista por amor a ti.

Que los problemas que cause sean en tu nombre y por la salvación de las almas.

Señor, te amo... Señor, en ti confío.

Contemplación: ¿Qué conversión de la mente, del corazón y de tu vida te pide el Señor? Amigo y amiga, ¡dale tu mente, tu corazón y tu vida al Señor! Solo Él sabe lo que hay en tu corazón, ¡no tengas miedo!

Amigo y amiga, ¿qué acción o acciones vas a emprender hoy para poner en práctica este mensaje?

PARTE 2: ESTUDIO PERSONAL (1 COR 6:1–7:40)

Día 1: Conflictos entre cristianos (6:1–11)

Pablo sale al paso de la terrible situación en la que se encontraban los corintios; no existe ni el diálogo ni la caridad en sus acciones. La sugerencia pastoral de Pablo es un mandato para resolver los problemas dentro de la comunidad cristiana. Quiere que los jueces tengan un sentido de justicia cristiana. Pablo pide a los demandantes cristianos ante los tribunales civiles ceder los propios derechos por el bien de la paz, ya que esto manifiesta el triunfo de la caridad sobre la legalidad. Probablemente los demandantes eran algunos de los ricos de la comunidad de Corinto. A final de cuentas, Pablo dice a los ricos, ¿no son sus riquezas fruto del despojo a hermanos suyos? Les pide a los ricos que se rijan por la justicia del Evangelio de Dios. Pablo concluye con la lista de conductas negativas que ya había iniciado en el capítulo 5. En la visión de Pablo ellos no heredarán el Reino de Dios a menos que hayan sido bautizados y vivan una vida de total entrega a Cristo. La transformación existencial de la persona ocurre en el bautismo, el cual da a luz a una persona nueva y santa.

Lectio divina

Siguiendo los pasos de la *lectio*, dedica entre ocho y diez minutos en silencio a meditar, orar y contemplar el siguiente pasaje:

> "Y tales fueron algunos de ustedes. Pero han sido lavados, han sido santificados, han sido justificados en el nombre del Señor Jesucristo y en el Espíritu de nuestro Dios" (1 Cor 6:11).

Amigo y amiga, ¿qué acción o acciones vas a emprender hoy para poner en práctica este mensaje?

Día 2: La libertad cristiana y la fornicación (6:12–20)

Un gran problema en la actualidad es la comprensión equivocada de la libertad humana. Hay un tema muy polémico en la actualidad: la libertad sexual. Pablo refuta dos ideas muy difundidas en su tiempo. La primera sostenía que lo material estaba separado de lo espiritual y, por tanto, lo que sucedía en el ámbito material no afectaba a la dimensión espiritual de la persona. De ahí se sigue que los actos carnales de los individuos de ninguna manera alterarían el desarrollo espiritual de la persona: la persona no sería una realidad entera y unitaria. La segunda idea puede parecer algo más convincente que la primera: la satisfacción corporal o sexual es algo absolutamente necesario y, por tanto, éticamente neutro. Algo así como alimentar al cuerpo. El acto sexual se veía como una función natural y de vital importancia para el cuerpo humano. Mientras exista el consentimiento mutuo y no dañe a terceras personas, no habría ningún problema. Esto es algo que pertenece al ámbito de lo privado, donde absolutamente nadie tiene derecho a entrometerse y, mucho menos, a moralizar.

Pablo refuta estos argumentos presentando una verdadera antropología cristiana. No hay una separación entre el cuerpo y el espíritu humano; todo acto físico afecta al espíritu de la persona, especialmente en el campo de la sexualidad. La persona humana es tanto cuerpo como espíritu, los dos van de la mano. El acto sexual entre dos personas es parte esencial de la vida matrimonial, es una alianza total ya que los dos forman una sola carne. El cuerpo del cristiano es signo visible y templo del Espíritu Santo. Cristo murió corporalmente y resucitó corporalmente, de la misma manera nosotros hemos muerto y resucitaremos con Cristo. De esa forma, podremos compartir la gloria del resucitado.

Lectio divina

Siguiendo los pasos de la *lectio*, dedica entre ocho y diez minutos en silencio a meditar, orar y contemplar el siguiente pasaje:

"¿O no saben que su cuerpo es templo del Espíritu Santo, que está en ustedes y han recibido de Dios, y que no se pertenecen? ¡Han sido bien comprados! Glorifiquen, por tanto, a Dios en su cuerpo" (1 Cor 6:19-20).

Amigo y amiga, ¿qué acción o acciones vas a emprender hoy para poner en práctica este mensaje?

Día 3: El matrimonio y el celibato (7:1–16)

Pablo nos proporciona respuestas pastorales sobre el matrimonio y el celibato. Pablo conoce perfectamente la enseñanza de las Escrituras sobre el matrimonio. El hombre y la mujer pasan a ser una sola carne; las relaciones sexuales entre la pareja son parte de la dignidad del matrimonio; el fruto del matrimonio son los hijos; y tanto el hombre como la mujer deben respetarse y amarse. Esta relación debe estar cimentada en la castidad, hay tiempo para tener relaciones sexuales y en mutuo acuerdo, abstenerse periódicamente y dedicarse a la oración. En la visión de Pablo, el matrimonio es un don y un carisma que viene de Dios mismo.

Después de su comentario sobre el matrimonio, Pablo habla sobre el celibato. El celibato, al igual que el matrimonio, es un don y carisma que viene de Dios. No puede haber conflicto entre dos dones que Dios concede a los seres humanos. Ninguno es mejor que el otro, ya que los dos están al servicio de Dios en la comunidad. Pablo se dirige a los jóvenes que se encuentran solteros y les pide discernimiento para poder ver más claramente su llamado. A los solteros les pide que permanezcan célibes, si ese es su verdadero carisma, y si no lo es, entonces pueden casarse. Por lo tanto, Pablo nos da una visión sana y positiva, tanto de la vida matrimonial como de la vida célibe.

Lectio divina

Siguiendo los pasos de la *lectio*, dedica entre ocho y diez minutos en silencio a meditar, orar y contemplar el siguiente pasaje:
> "Que el marido cumpla su deber con la mujer; de igual modo la mujer con su marido. No dispone la mujer de su cuerpo, sino el marido. Igualmente, el marido no dispone de su cuerpo, sino la mujer" (1 Cor 7:3–4).

Amigo y amiga, ¿qué acción o acciones vas a emprender hoy para poner en práctica este mensaje?

Día 4: No cambiar de condición y estado de vida (7:17-24)

El mensaje de Pablo es muy claro: cada uno debe vivir su vida de acuerdo con su estado y condición. Hay que vivir como el Señor nos ha mandado vivir y de esta manera darle gloria en todo momento. La fidelidad al estado al cual uno fue llamado, es de gran importancia para una vida de libertad auténticamente cristiana.

Lectio divina

Siguiendo los pasos de la *lectio*, dedica entre ocho y diez minutos en silencio a meditar, orar y contemplar el siguiente pasaje:

"Que permanezca cada cual en la condición en que lo halló la llamada de Dios" (1 Cor 7:20).

Amigo y amiga, ¿qué acción o acciones vas a emprender hoy para poner en práctica este mensaje?

Día 5: El matrimonio y la virginidad (7:25-40)

Pablo vuelve a explicar su pensamiento sobre el matrimonio cristiano y habla también sobre el don de la virginidad. La respuesta que Pablo nos ofrece es muy probablemente a la pregunta sobre qué es mejor, el matrimonio o el celibato. Según los biblistas, esta cuestión había sido presentada por jóvenes solteros de ambos sexos. Mucho de ellos admiraban a Pablo y su estilo de vida, y estaban pensando seriamente adoptar ese estilo de vida. Están en un discernimiento vocacional; quieren entregarse a Dios de manera completa y quieren elegir uno de los dos estados de vida para servirle de mejor manera. Pablo afirma algo muy interesante, dice no tener órdenes del Señor con respecto a este punto y lo que nos proporciona es su opinión que es de fiar por la misericordia del Señor. Pablo responde lo que en su mente y su corazón, iluminados por Cristo Jesús, cree ser lo más conveniente. Lo que a final de cuentas responde es un consejo apostólico enfocado a la misión de la propagación de la Buena Nueva. Señala lo que muchos ven como un carisma en pleno desarrollo en las comunidades cristianas: la opción por una vida célibe para preocuparse de los asuntos del Señor, el carisma del celibato por el Reino de Dios.

Lectio divina

Siguiendo los pasos de la *lectio*, dedica entre ocho y diez minutos en silencio a meditar, orar y contemplar el siguiente pasaje:

"Acerca de la virginidad no tengo precepto del Señor. Doy, no obstante, un consejo, como quien, por la misericordia de Dios, es digno de crédito" (1 Cor 7:25).

Amigo y amiga, ¿qué acción o acciones vas a emprender hoy para poner en práctica este mensaje?

Preguntas de reflexión:

1. Si ha habido conflictos en su comunidad de fe, ¿de qué maneras buscaste soluciones para lograr la reconciliación?
2. En los últimos años, el libertinaje sexual y la fornicación han invadido a las comunidades hispanas. Consciente de esta problemática, ¿de qué maneras hablarías tú con los jóvenes sobre los temas de la libertad cristiana y la fornicación?
3. ¿Qué piensas de la manera en que Pablo habla sobre el matrimonio, el celibato y la virginidad? ¿Es un mensaje coherente? ¿Por qué sí o por qué no?

Ofrecimiento a los ídolos y los dones espirituales

1 CORINTIOS 8-16

"Porque les transmití, en primer lugar, lo que a mi vez recibí: que Cristo murió por nuestros pecados, según las Escrituras; que fue sepultado, y que resucitó al tercer día, según las Escrituras; que se apareció a Cefas y luego a los Doce; después se apareció a más de quinientos hermanos a la vez... Luego se apareció a Santiago; más tarde, a todos los apóstoles. Y en último término se me apareció también a mí..., pues yo soy el último de los apóstoles..." (1 Cor 15:3–9).

Oración inicial (ver página 17)

Contexto

Parte 1: 1 Corintios 8:1–13:13: Pablo anima a la comunidad de Corinto a vivir con amor y a preocuparse por el bienestar de los demás. El cristiano sabe que puede comer carne sacrificada a los ídolos porque tal cosa no existe; sin embargo, si el comer esta carne causa escándalo a los más débiles en su fe, es mejor no hacerlo. Pablo también habla de sus derechos como apóstol y afirma no haberlos utilizado, aunque podía haberlo hecho. Pablo también afirma que él está llamado a ser todo para todos por su amor al Evangelio. Siendo libre se ha hecho esclavo de todos; con los judíos se hizo judío; con los que no tienen la ley se hizo uno de ellos; con los más débiles se ha hecho el más débil y todo lo hace para ganar el mayor número posible para el Evangelio.

Por otra parte, Pablo hace severas advertencias sobre los peligros de la idolatría. Anima a los corintios a perseverar en la fe y a no bajar la guardia en su camino; les pide que no se confíen tanto, les recuerda que el pueblo de Israel pecó en el desierto. Afirma que los cristianos participan del cuerpo y la sangre de Cristo en el banquete eucarístico. Hace un llamado a los más fuertes en la fe a evitar todo aquello que pueda causar escándalo a los más débiles. El cristiano puede comer carne sacrificada a los ídolos porque estos dioses falsos no existen. Pablo también aborda el tema de cómo deben vestirse para el culto y sobre cuáles deben ser las disposiciones personales antes de celebrar la Eucaristía.

Aquellos que tienen medios materiales deberían comer y beber en su propia casa, y no antes de la Eucaristía en el lugar donde la celebración se va a llevar a cabo. Esta indicación la da porque los pobres solían llegar un poco tarde, pues no se sentían invitados a comer y beber con los anfitriones. Por último, Pablo nos presenta su gran enseñanza sobre los dones espirituales que hemos recibido como hijos de Dios y su himno al amor. Existen diversos dones espirituales pero un mismo Espíritu y si no tenemos amor en nuestro corazón, no somos absolutamente nada.

Parte 2: 1 Corintios 14:1–16:24: Pablo declara que él prefiere que las personas tengan el don de profecía, ya que este don está dirigido a la edificación de la comunidad. También, entre los dones del Espíritu que los corintios han recibido y que Pablo menciona, está el don de lenguas. Pablo es cauteloso en la manera de hablar sobre este don. Hablar en lenguas es una forma de alabanza que se da entre la persona que ora y Dios; el contenido de tal oración es poco inteligible para los demás. Para él el mensaje profético es simple y puede ser entendido por todos. Pablo también enseña sobre la resurrección de los muertos. Nuestra resurrección es posible por la resurrección de Cristo mismo; resucitaremos con un cuerpo glorificado y nuestra existencia será espiritual. Pablo termina su carta con un mensaje sobre la colecta para la iglesia de Jerusalén y con saludos para todos los que pertenecen a la Iglesia de Dios en Corinto.

ESTUDIO EN GRUPO (1 COR 8:1–13:13)

Leer 1 Corintios 8:1–13:13 en voz alta.

8:1–13: Víctimas sacrificadas a los ídolos

El tema de la carne sacrificada a los ídolos puede parecer cómico en nuestros días, pero este no era el caso en la comunidad cristiana de Corinto. Hay dos temas que trata el apóstol en su respuesta a la cuestión sobre comer la carne que se vendía en el mercado y que sobraba de los banquetes de culto a los dioses. Los temas del conocimiento de la fe y la caridad. Ambos temas ponen de relieve la dimensión solidaria de la fe y la libertad cristiana. La fe cristiana afirma la existencia de un solo Dios, por tanto, no hay más dioses y la carne que había sido sacrificada simplemente seguía siendo carne.

Los cristianos más débiles en la fe no podían entender todavía, en toda su profundidad, la enseñanza cristiana. Seguían viendo esa carne como consagrada a otros dioses. El cristiano más firme en la fe, para evitar el escándalo, se debía abstener de comer esa carne para así no dañar la fe de los más pequeños. Pablo sostiene que, si un alimento escandaliza al hermano, entonces no se debe comer ese alimento para no escandalizarlo. Si por nuestro comportamiento se pierde el más débil, entonces estamos pecando contra ellos y, si pecamos contra ellos, pecamos contra el mismo Cristo.

9:1–27: El ejemplo de Pablo

Este es uno de los discursos más apasionados de Pablo, es una auto-defensa de su ministerio apostólico. Pablo afirma rotundamente que él es libre y que es apóstol porque vio a Jesucristo y sostiene que los mismos corintios son el sello de autenticidad de su apostolado. Enumera la cantidad de derechos que tiene como autentico apóstol de Cristo y a los que ha renunciado libremente por el bien de la comunidad. No ha querido causar ningún gasto a la comunidad; preferiría morir antes que causarle algún gasto, aunque por derecho podía hacerlo, pero había decidido no recurrir a ello. La misión de Pablo es anunciar la Buena Nueva y ¡ay de él si no la anuncia! Pablo se ve a sí mismo como a un verdadero profeta llamado y enviado a la predicación, impulsado por un fuego interno que lo consume.

¡Este es el celo apostólico de Pablo! Este celo que nació de aquel encuentro con el Señor en su camino a Damasco; esa fue una experiencia existencial transformadora.

Pablo se ha hecho todo para todos en Jesucristo. Se ha hecho judío con los judíos, gentil con los gentiles, pobre con los pobres, esclavo con los esclavos. Todo lo ha hecho para ganar a más seguidores para Cristo; Cristo es el ejemplo, ya que Él, el Verbo eterno, se hizo hombre para los hombres. El amor de Pablo por Cristo es tal que su paga es anunciar la Buena Nueva; esa es la voluntad de su Señor. Por último, Pablo termina su apología con las imágenes, tomadas del deporte, de la carrera y el pugilato. Lo más importante para ganar en las competencias deportivas es el entrenamiento y la disciplina. De igual manera, el cristiano debe esmerarse en entrenar todos los días y en practicar una vida de humildad, una vida ascética. Así los cristianos llegarán a la meta y conseguirán esa corona eterna como premio.

10,1–13: El peligro de la idolatría

Pablo hace un llamado a los cristianos para que eliminen de sus vidas todo tipo de presunción y autosuficiencia. El apóstol quiere ver en el cristiano un gran atleta de Cristo con un corazón humilde y sincero. El cristiano deber ser alguien que siempre esté en forma para poder competir en esa carrera y llegar hasta la meta final. El cristiano no está solo, Dios siempre lo acompaña. La manera en que Pablo aborda el peligro de la idolatría es evocando la experiencia del pueblo de Israel en el desierto. A pesar de que Dios les mostró hasta el cansancio lo mucho que los amaba, muchos se prostituyeron, se hicieron idólatras, fornicaron, protestaron y se rebelaron contra Dios mismo. Sin embargo, Dios no los dejó morir, todo lo contrario, ya que los llevó hasta la tierra que les había prometido. No hay que confiar en nuestras propias fuerzas, sino en las del Señor. No hay que fiarnos de nuestras fuerzas sino de las de él.

10:14–11:1: Las comidas idolátricas y la libertad cristiana

Anteriormente Pablo había reafirmado que existía un solo Dios y, por tanto, las carnes sacrificadas a los ídolos no tenían en sí ningún valor. Sin embargo, había algunas personas en la comunidad de Corinto que interpretaron esta enseñanza como una luz verde para participar en banquetes paganos, ya que lo consideraban como algo neutro. ¡Pablo les advierte que no quiere que entren en comunión con los demonios! Tales demonios son enemigos de Dios y Dios es celoso.

Pablo sabe que tales reuniones paganas son peligrosas para la fe de un cristiano presuntamente convencido y liberado de toda esclavitud, tanto física como espiritual. El verdadero peligro, no eran en sí las imágenes de los ídolos, sino las ideologías tanto política, social y económica de estos grupos de personas. Tales ideologías no eran compatibles con el Evangelio. Pablo exhorta a estos cristianos educados y ricos, a que se abstengan de participar en esos banquetes, aun corriendo el riesgo de perder a esas amistades. Los reta a tomar una decisión: el Evangelio o las ideologías humanas.

11:2–16: El velo de las mujeres

Esta problemática refleja la tensión que existía, y sigue existiendo en nuestra Iglesia actualmente, entre el apego a lo tradicional y el deseo de novedades presente en la Iglesia naciente. Pablo, con su respuesta, nos muestra que él seguía siendo un hombre de su tiempo, influido por las corrientes machistas de interpretación bíblica. Según los estudios bíblicos, en la antigüedad ya sea entre los judíos o el mundo griego, la mujer llevaba un pañuelo en la cabeza como signo de pudor (Nm 5:18). La tensión radica en que las mujeres de las comunidades de Pablo tenían mucha más libertad y protagonismo, incluso más que las mujeres en la Iglesia de nuestro tiempo. Por ejemplo, muchas mujeres en las comunidades de Pablo dirigían la oración, predicaban, profetizaban y hasta enseñaban. Estas mujeres eran líderes reconocidas y respetadas; esto era totalmente revolucionario en ese tiempo. Las cartas de Pablo nos dan listas de nombres de mujeres que jugaban un papel importante en el ministerio. Pablo trata de dar una respuesta que respete tanto las tradiciones –algunas empapadas de machismo– como la nueva realidad de la vida en Cristo. Ya no hay distinciones entre el hombre y la mujer, pues ambos fueron creados por Dios.

11:17–34: Ágape y Eucaristía

Este es, sin lugar a dudas, el problema más serio al que Pablo se enfrenta en la comunidad cristiana de Corinto: la gran división y discordia en la Eucaristía. Durante ese tiempo, la Eucaristía se celebraba al atardecer en las casas privadas de los miembros más ricos de la comunidad. Estas casas eran las únicas que podían acoger de 50 a 60 personas. Antes de la celebración de la Eucaristía se tenía una comida para fomentar el espíritu de fraternidad; la comida la traían los ricos para compartirla con todos. El problema surgía cuando los ricos se comían casi toda la comida y cuando llegaban los pobres y esclavos, después de una larga jornada de trabajo, ya no encontraban qué comer o comían solo las sobras. La indignación era tal que Pablo les pide que mejor coman y se emborrachen en sus casas.

El gran problema que esto causaba eran las divisiones y conflictos internos que precedían a la celebración de la Eucaristía. Ya no celebraban la Eucaristía como hermanos, miembros de un solo cuerpo. La comida que se tenía antes estaba íntimamente ligada a la Eucaristía, a la unión y solidaridad entre los creyentes. Tales acciones vaciaban de sentido a la celebración de la Eucaristía y herían profundamente al cuerpo de Cristo. En la visión de Pablo, la justicia y liberación social están íntimamente relacionadas con la Eucaristía. Ya no adoraban a Dios como un solo cuerpo, sino como individuos con resentimientos y enojos. Los desprotegidos y marginados se sentían traicionados por la actitud de aquellos que tenían más.

Pablo nos presenta una auténtica catequesis sobre el sentido y significado de la Eucaristía. Este relato sobre la institución de la Eucaristía es considerado el más antiguo del Nuevo Testamento, ya que según los biblistas, la carta fue escrita hacia el año 55 o 56. Pablo afirma que él recibió del Señor lo que él les transmitió. Primero, el Señor antes de ser entregado tomó el pan, dio gracias, lo partió y dijo a sus discípulos "Este es mi cuerpo que se entrega por ustedes" (versículo 24). Segundo, les dice "hagan esto en memoria mía" (versículo 24). Tercero, el Señor, después de cenar, tomó la copa y dijo a sus discípulos "Esta copa es la nueva Alianza en mi sangre" (versículo 25). Cuarto, cada vez que los discípulos la beban, deben hacerlo en memoria del Señor. Y, finalmente, todos los que comen de este pan y beben de esa copa proclaman la muerte del Señor hasta que vuelva. Este es el núcleo central del culto cristiano. Lo que Jesús hizo, sus discípulos han de realizarlo hasta que Él vuelva.

El Señor mismo entrega todo su ser mediante este acto. Nos da su cuerpo y su sangre para que los consumamos. Por eso Pablo advierte enérgicamente que quien reciba este don indignamente comete un gran pecado contra el mismo cuerpo y sangre del Señor, y por consecuencia contra cada uno de los miembros de la comunidad. El Señor se da completamente y, de igual manera, los cristianos deben darse completamente al prójimo. Cada persona debe examinarse individualmente antes de recibir el cuerpo (pan) y la sangre (copa), y si alguien lo come y lo bebe no estando en paz con el hermano, corre el riesgo de condenarse.

12:1–31: Los dones espirituales

Pablo nos presenta una joya de la espiritualidad cristiana. La situación de la vida espiritual en Corinto era tal que hasta había pleitos, celos y rivalidades por los dones del Espíritu Santo. Aparentemente algunos envidiaban los dones de otros. Había competencias y discriminación por los dones recibidos en la comunidad. Por otra parte, este problema también resaltaba la realidad de la Iglesia en Corinto, la gran participación de sus miembros en el seno de la comunidad: todos querían colaborar en la edificación del Reino. La raíz del problema era que algunos miembros menospreciaban los dones que ellos consideraban de menor calidad.

Probablemente estos dones no eran tan llamativos, juzgando desde un punto de vista meramente humano, como otros dones. Pablo afirma que todos los ministerios, carismas y actividades son igualmente importantes porque todos provienen del Señor, de su Espíritu y de Dios. Los dones son pura gracia y regalo del Dios trinitario, Padre, Hijo y Espíritu Santo. Pablo utiliza la imagen del cuerpo de Cristo y la contrapone a la imagen de la sociedad griega como cuerpo organizado. El cuerpo de Cristo no tiene clases, ninguno es superior o dominador de otros. Todos son uno en el Señor.

Pablo proporciona una lista de los dones que vienen del Espíritu. Cada don que el Espíritu da, es para el bien de la comunidad de creyentes. Algunos reciben el don de la elocuencia, otros de la enseñanza, de la fe, de sanación, de realizar milagros, de hablar como profetas, del discernimiento de espíritus, de lenguas y de interpretación. Sin embargo, todos estos dones son la acción del Espíritu en la vida de la comunidad. Por tanto, es ridículo que existan pleitos, celos, competencias y hasta difamaciones. Pablo añade que hemos sido bautizados en un solo Espíritu para formar un solo cuerpo y todos hemos bebido de un solo Espíritu. Y esta es la clave para entender la enseñanza de Pablo: todos hemos recibido al Espíritu Santo y cada cual ha recibido lo que necesitaba para su misión particular. El Espíritu muestra su grandeza al dar infinidad de dones a los bautizados. Así muestra la riqueza de la nueva creación de Dios.

13:1-13: Himno al amor cristiano

Este himno se puede considerar una joya teológica y literaria de Pablo. El apóstol nos presenta la dignidad, el sentido y la finalidad del amor que viene de Dios, Dios mismo. El mayor carisma de la Iglesia es el amor, es el eje que mantiene en movimiento todas sus acciones. El amor es una de las virtudes teologales y la fuerza que mueve al mundo, es Dios mismo. El término griego para la palabra amor es ágape, la cual se puede traducir como caridad. Desafortunadamente, la palabra caridad en nuestro tiempo, por lo general, se entiende como dar limosna o ayuda al necesitado sin ningún compromiso serio por parte del que da.

Sin embargo, para Pablo la caridad lo es todo. Sin caridad la vida cristiana sería pura hipocresía. Pablo define lo que es el amor, lo que es la caridad; es un darse completamente al otro sin esperar nada a cambio. Es un don de sí mismo porque se quiere el bienestar y bien absoluto para la otra persona. Cuando lleguemos a ver a Dios cara a cara, la fe y la esperanza habrán cumplido su cometido y lo único que quedará será el amor. San Juan de la Cruz, el gran místico carmelita español decía, "en el último día seremos juzgados sobre el amor". La pregunta que Dios nos hará, no es cuánto sabemos, sino cuánto amamos.

Preguntas de reflexión:

1. El consumo de la carne sacrificada a los ídolos había creado problemas en la comunidad de Corinto. ¿Ha habido situaciones en las cuales tus acciones e intenciones han sido buenas pero han causado escándalo a tu comunidad o familia? ¿De qué maneras afrontaste esas situaciones? ¿Qué aprendiste de esa experiencia?

2. El ejemplo que nos da Pablo de renunciar a todos sus derechos como apóstol es un gran testimonio para todos los que trabajamos en el ministerio. ¿De qué maneras el ejemplo de Pablo te puede ayudar a renovar tu compromiso con la labor evangelizadora de la Iglesia?

3. Pablo abordó el tema de la participación en banquetes paganos y entrar en comunión con los demonios. Hay muchas personas que tienen un pie dentro de la Iglesia y el otro fuera, y por tanto muchas de sus actividades son cuestionables. ¿Te has encontrado con este tipo de situaciones en que están involucrados miembros de tu comunidad? Si es así, ¿cómo los ha ayudado a rectificar su camino?

4. Pablo nos presenta el texto más antiguo del Nuevo Testamento sobre la institución de la Eucaristía. Dicho texto fue escrito a raíz de las divisiones que existían en Corinto. ¿Qué cosas te llamaron más la atención de la enseñanza de Pablo? ¿Por qué?

5. Nuestras comunidades gozan de la abundancia abrumadora de los dones del Espíritu Santo. ¿Qué dones se manifiestan más en tu comunidad? ¿Ha habido rivalidades por esos dones? Si es así, ¿cómo han afrontado esas situaciones?

6. Dios es amor (1 Jn 4:16) y, si no tenemos amor, no tenemos ni somos nada. ¿De qué maneras has experimentado el amor de Dios y cómo has respondido a este gran don?

Oración final (ver página 17)

Decir la oración final antes o después del ejercicio de *lectio divina*.

Lectio divina (ver página 9)

Relaja tu cuerpo y mantén una postura de oración (sentado, ojos cerrados, ambos pies en el piso). Este ejercicio puede tomar el tiempo que sea necesario. En el contexto de este estudio de Biblia, de diez a veinte minutos son suficientes. El propósito de la *lectio divina* es ayudarte a entrar en la dinámica de la oración y contemplación de la Palabra de Dios, que puedas entablar un diálogo con Dios en lo más íntimo de tu corazón. Ve la página 9 para más instrucciones.

Victimas sacrificadas a los ídolos (8:1–13)

Lectura: Amigo y amiga, el tema de la carne sacrificada a los ídolos puede sonar raro en nuestro tiempo, pero este no era el caso en la comunidad cristiana en Corinto en el tiempo de Pablo. Sin embargo, podemos decir que en la actualidad existen demasiados cristianos "débiles" en el conocimiento de su fe y en la práctica de la caridad. Los cristianos débiles o escrupulosos se escandalizan por cosas sin mayor importancia. Muchos de ellos, incluso, llegan a perder su fe y se refugian en sectas donde supuestamente no hay escándalos. Al final terminan rechazando la enseñanza católica, sí esa enseñanza que no comprendieron bien tanto por la falta de catequesis como de buenos ejemplos de vida.

Muchas veces les falta caridad a los cristianos así llamados "fuertes". Hacen cosas que son buenas y dicen cosas que son verdad. Sin embargo, no han crecido en empatía (ponerse en los zapatos de la otra persona) y todo lo ven desde un punto de vista pragmático. Se les olvida que muchas personas necesitan más atención para alcanzar un adecuado conocimiento de su fe y vivir como auténticos cristianos. Pablo dice que si un alimento escandaliza al hermano, entonces no se debe comer ese alimento para no escandalizar al hermano. Si por nuestro conocimiento se pierde el más débil, entonces estamos pecando contra ellos y, si pecamos contra ellos, pecamos contra Cristo mismo.

Meditación: ¿Qué te dice el texto bíblico en este día? Déjate examinar por el texto, no son palabras del pasado sino del presente. En este paso de la *lectio divina* reflexiona sobre cómo ponerte en los zapatos de la otra persona. Pablo nos invita a sentir como propios el dolor y las angustias de los demás. Querido amigo y amiga, ¿tratas de ponerte en los zapatos de los demás o solo te limitas a criticar? Si tratas de esa manera a las personas, ¿te gustaría que el Señor te tratase de la misma forma? ¿Acaso el Señor te trata así?

Oración: Después de esta breve meditación, ¿qué le vas a decir al Señor como respuesta a su Palabra? En un momento de silencio pídele la gracia de saber cómo responder cuando alguien necesita tu ayuda.

Contemplación: ¿Qué conversión de la mente, del corazón y de tu vida te pide el Señor? Amigo y amiga, ¡dale tu mente, tu corazón y tu vida al Señor! Solo Él sabe lo que hay en tu corazón, ¡no tengas miedo!

Amigo y amiga, ¿qué acción o acciones vas a emprender hoy para poner en práctica este mensaje?

El ejemplo de Pablo (9:1–27)

Lectura: Amigo y amiga, este es uno de los discursos más apasionados de Pablo, es una especie de auto-defensa de su ministerio apostólico. Pablo afirma rotundamente que él es libre y que es apóstol porque vio a Jesucristo y sostiene que los corintios mismos son sello de la autenticidad de su apostolado. No les ha querido causar ningún gasto a la comunidad; él preferiría morir antes que causarles algún gasto, que por derecho lo podía hacer, pero decidió no hacerlo. El sentido de la misión de Pablo es anunciar la Buena Nueva y ¡ay de él si no la anuncia!

Meditación: ¿Qué te dice a ti el texto bíblico en este día? Déjate examinar por el texto, no son palabras del pasado sino del presente. Pablo se ve como un verdadero profeta llamado y lanzado a la predicación arrollado por un fuego interno que lo consume totalmente. ¡Este es el celo apostólico de Pablo! Este celo que nació del aquel encuentro con el Señor en su camino a Damasco; esa fue una experiencia existencial transformadora. Amigo y amiga, ¿estás listo para el reto de decir "¡ay de mí si no predico el Evangelio!"?(1Cor 9:16)

Oración: Después de la meditación, ¿qué le vas a decir al Señor como respuesta a su Palabra? Guarden un momento de silencio y después todos juntos oren:

Señor Jesucristo, envíame a los lugares que no quiero ir;

envíame a las periferias de la existencia humana;

envíame al encuentro de tu rostro en los más necesitados;

envíame al encuentro de mi propia persona. Amén.

Contemplación: ¿Qué conversión de la mente, del corazón y de tu vida te pide el Señor? Amigo y amiga, ¡dale tu mente, tu corazón y tu vida al Señor! Solo Él sabe lo que hay en tu corazón, ¡no tengas miedo! **Amigo y amiga, ¿qué acción o acciones vas a emprender hoy para poner en práctica este mensaje?**

Las comidas idolátricas y la libertad cristiana (10:14–11:1)

Lectura: Amigo y amiga, anteriormente Pablo había reafirmado que solo existe un solo Dios y por lo tanto las carnes sacrificadas a los ídolos están vacías de cualquier sentido. Sin embargo, había algunas personas en la comunidad de Corinto que vieron esta enseñanza como luz verde para participar en banquetes cúlticos paganos, ya que lo consideraban como algo neutro. ¡Pablo les advierte que no quiere que entren en comunión con los demonios! Tales demonios son enemigos de Dios y Dios es celoso. Pablo sabe que tales reuniones paganas son peligrosas para la fe de un cristiano presuntamente convencido y liberado de toda esclavitud, tanto física como espiritual. El verdadero peligro, no eran en sí las imágenes de ídolos, sino las ideologías tanto política, social y económica de estos grupos de personas. Tales ideologías no eran compatibles con el Evangelio.

Meditación: ¿Qué te dice a ti el texto bíblico en este día? Déjate examinar por el texto, no son palabras del pasado sino del presente. Amigo y amiga, déjame preguntarte: ¿quiénes son tus amigos y amigas?, ¿qué tipo de lugares frecuentas cuando no estas participando en tu comunidad de fe? En tu vida personal, ¿sigues ideologías políticas o el Evangelio?, ¿ves la realidad de la vida a través del Evangelio o de una filosofía humana?

Oración: ¿Qué le vas a decir al Señor como respuesta a su Palabra? En un momento de silencio conversa con el Señor sobre esta cuestión, ¿cómo puedo ser mejor amigo tuyo Señor Jesús?

Contemplación: ¿Qué conversión de la mente, del corazón y de tu vida te pide el Señor? Amigo y amiga, ¡dale tu mente, tu corazón y tu vida al Señor! Solo Él sabe lo que hay en tu corazón, ¡no tengas miedo! **Amigo y amiga, ¿qué acción o acciones vas a emprender hoy para poner en práctica este mensaje?**

Ágape y Eucaristía (11:17–34)

Lectura: Amigo y amiga, el Señor mismo entrega toda su esencia, todo lo que es mediante este acto. Nos da su cuerpo y su sangre para que la consumamos. Por eso Pablo enérgicamente advierte que quien reciba este don comete un gran pecado contra el mismo cuerpo y sangre del Señor, y por consecuencia con cada uno de los miembros de la comunidad. El Señor se da completamente y de igual manera los cristianos deben de darse completamente a su prójimo. Cada persona debe examinarse individualmente antes de recibir el cuerpo (pan) y la sangre (vino) y si alguien lo come y lo bebe no estando en paz con el hermano corre el riesgo de condenarse.

Meditación: ¿Qué te dice a ti el texto bíblico en este día? Déjate examinar por el texto, no son palabras del pasado sino del presente. Amigo y amiga, ¿recibes al Señor sacramentado en estado de gracia? Es importante recordar que lo que recibimos en el banquete eucarístico es la naturaleza divina en sí misma. Charla con los demás personas en este momento sobre las maneras en cómo se puede preparar mejor uno para recibir el pan de los ángeles y el alimento del alma.

Oración: Después de la breve meditación, ¿qué le vas a decir al Señor como respuesta a su Palabra? Guarden un momento de silencio y después todos juntos oren:

> *Sacratísimo pan de los ángeles,*
> *ayúdame a prepararme para recibirte con un corazón puro,*
> *ven en mi auxilio y no dejes que te reciba a la ligera.*
> *Dador de vida eterna, en ti confío.*

Contemplación: ¿Qué conversión de la mente, del corazón y de tu vida te pide el Señor? Amigo y amiga, ¡dale tu mente, tu corazón y tu vida al Señor! Solo Él sabe lo que hay en tu corazón, ¡no tengas miedo!

Amigo y amiga, ¿qué acción o acciones vas a emprender hoy para poner en práctica este mensaje?

Himno al amor cristiano (13:1–13)

Lectura: Amigo y amiga, para Pablo la caridad lo es todo. Sin caridad la vida cristiana sería pura hipocresía. Pablo define lo que es el amor, lo que es la caridad; es un darse completamente al otro sin esperar nada a cambio. Es un don de sí mismo porque se quiere el bienestar y bien absoluto de la otra persona. Cuando lleguemos a ver a Dios cara a cara, la fe y la esperanza habrán cumplido su cometido y lo único que quedará será el amor. San Juan de la cruz, el gran místico carmelita español decía, "en el último día seremos juzgados en el amor". La pregunta que Dios nos hará no es cuánto sabemos sino cuánto amamos.

Meditación: ¿Qué te dice a ti el texto bíblico en este día? Déjate examinar por el texto, no son palabras del pasado sino del presente. En esta meditación sería conveniente hacerse solo dos preguntas, ¿realmente amo a mi prójimo como a mí mismo? Y si hoy muriera, ¿podría afirmar que durante mi vida amé hasta donde mis fuerzas humanas pudieron? Guarda un momento de silencio.

Oración: Después de esta breve reflexión sobre tu capacidad de amar, ¿qué le vas a decir al Señor como respuesta a su Palabra? Señor, muchas veces fallamos en responder al gran amor que tú nos das. Frecuentemente amamos como ama el mundo, sin fundamento y solo por interés. Purifica nuestros pensamientos para que amemos como Tú nos amaste desde la cruz. Que la cruz sea para todos nosotros la expresión máxima de tu amor.

Contemplación: ¿Qué conversión de la mente, del corazón y de tu vida te pide el Señor? Amigo y amiga, ¡dale tu mente, tu corazón y tu vida al Señor! Solo Él sabe lo que hay en tu corazón, ¡no tengas miedo!

Amigo y amiga, ¿qué acción o acciones vas a emprender hoy para poner en práctica este mensaje?

Día 1: La profecía y el don de lenguas (14:1-40)

Pablo pide a los corintios que ante todo busquen el amor y que aspiren a los dones espirituales, sobre todo, al de la profecía. Nadie puede entender a las personas que hablan en lenguas ya que sus palabras no se dirigen a seres humanos, sino a Dios. Los que tienen el don de profecía hablan a los seres humanos para edificarlos, exhortarlos y animarlos. Pablo sostiene que los que tienen el don de profecía son superiores a los que hablan en lenguas desconocidas, a no ser que sea posible interpretar lo que dicen para edificación de la Iglesia.

Pablo utiliza la imagen de los instrumentos musicales para dar más fuerza a sus afirmaciones. Debe haber armonía entre los diversos sonidos que producen los instrumentos para que se dé un todo agradable al oído. Los sonidos en su conjunto, debidamente ordenados, son inteligibles. Pablo pide a los que tienen el don de lenguas que oren para recibir también el don para interpretarlas, ya que a final de cuentas ese don es para todos en la comunidad. Pablo admite hablar más lenguas desconocidas que todos los corintios. Sin embargo, en la asamblea prefiere decir cinco palabras inteligibles para instrucción y beneficio de todos, que diez mil desconocidas.

Pablo los invita a dejar de pensar como niños; su modo de pensar debe ser el de un adulto. Pablo probablemente hace referencia a algunas de las reuniones carismáticas en Corinto, donde todos se ponían a hablar en lenguas desconocidas. Dice que si entran a la Iglesia algunos no creyentes o gente no preparada, van a pensar que todos están locos. Sin embargo, si todos en la comunidad profetizan, entonces los neófitos que fueron a la iglesia, se sentirán interpelados por todos y caerán de rodillas adorando a Dios, porque se revelarán los secretos de sus corazones. El punto principal que Pablo desea recalcar, es que si algunos hablan en lenguas desconocidas, debe haber también alguien que pueda interpretarlas, de lo contrario, la Iglesia no podrá edificar a los que no entienden.

Lectio divina

Siguiendo los pasos de la *lectio*, dedica entre ocho y diez minutos en silencio a meditar, orar y contemplar el siguiente pasaje:

"Busquen la caridad; pero aspiren también a los dones espirituales, especialmente a la profecía" (1 Cor 14:1).

Amigo y amiga, ¿qué acción o acciones vas a emprender hoy para poner en práctica este mensaje?

Día 2: La resurrección de los muertos (15:1–11)

Pablo concluye el tema de los carismas y ahora aborda el tema de la resurrección de los muertos. Aparentemente le han llegado rumores de que algunos dicen que no hay resurrección de los muertos. Decían que no había una resurrección corporal y que el alma no podía regresar a su tumba, el cuerpo. No es que negasen la resurrección de Jesús, ya que la aceptaban. Estas personas creían vivir una nueva realidad espiritual que les daba presuntamente una libertad y conocimiento superior (los carismas).

Pablo les recuerda la Buena Nueva que les enseñó y les explica, de manera sistemática y ordenada, cómo la resurrección de Jesús está íntimamente ligada a la nuestra. Pablo les transmitió lo que él mismo había recibido y lo que él les había transmitido es lo que salva. Primero, Cristo murió por nuestros pecados según lo atestiguan las Escrituras del pueblo de Israel. Segundo, Cristo fue sepultado y resucitó al tercer día según lo que ya estaba escrito en las Escrituras. Tercero, después de su resurrección, se apareció a Cefas y después al grupo de los Doce. Cuarto, posteriormente, Cristo con pleno poder se aparece a más de quinientas personas; algunas, según Pablo, todavía vivían y por lo tanto eran testigos de la resurrección corporal del Señor. Cristo después se le aparece a Santiago y de nuevo a los Doce. Por último, Pablo afirma que Cristo Resucitado se le apareció a él. Pablo nos ha presentado una confesión de fe sobre la resurrección y una secuencia histórica de las apariciones de Cristo, tanto a los Doce como a otros que vieron al Señor. Cristo verdaderamente resucitó en la carne y Pablo enseña lo mismo que la autoridad de la Iglesia, esto es, los Doce, enseña.

Lectio divina

Siguiendo los pasos de la *lectio*, dedica entre ocho y diez minutos en silencio a meditar, orar y contemplar el siguiente pasaje:

"Cristo murió por nuestros pecados, según las Escrituras; que fue sepultado, y que resucitó al tercer día, según las Escrituras; que se apareció a Cefas y luego a los Doce; después se apareció a más de quinientos hermanos a la vez" (1 Cor 15:3-6).

Amigo y amiga, ¿qué acción o acciones vas a emprender hoy para poner en práctica este mensaje?

Día 3: Nuestra resurrección (15:12-34)

Pablo afirma rotundamente que si no hay resurrección de muertos, tampoco Cristo ha resucitado y si Cristo no ha resucitado, entonces la proclamación y la fe son vanas. Seríamos falsos testigos de Dios y hasta estaríamos contra Dios afirmando tal cosa. Si Cristo no resucitó, nuestra fe es una ilusión y nuestros pecados no han sido perdonados y los que han muerto como cristianos, han muerto para siempre. Por tanto, si hemos puesto nuestra esperanza en Cristo y Él no resucitó, hemos puesto nuestra esperanza en lo más falso que ha existido y somos los más dignos de compasión; somos los más ingenuos por creer semejante falsedad.

Sin embargo, afirma Pablo, Cristo resucitó verdaderamente de entre los muertos y lo hace como el primer fruto ofrecido a Dios, el primero de los que resucitarán. Por una sola persona, Adán, vino la muerte al mundo; por una sola persona, Cristo, viene la resurrección de los muertos. Pablo nos da una explicación de las "etapas" de la resurrección: primero es la resurrección de Cristo; segundo, la resurrección universal; y tercero, el sometimiento de todos los poderes hostiles a Dios hasta terminar de una vez por todas con la muerte. Por último, Pablo, con el corazón en la mano, les dice a los corintios que todos sus sufrimientos se deben a la convicción que tiene, por Cristo resucitado, de la resurrección de los muertos.

Lectio divina

Siguiendo los pasos de la *lectio*, dedica entre ocho y diez minutos en silencio a meditar, orar y contemplar el siguiente pasaje:

"Y nosotros mismos ¿por qué nos ponemos en peligro a todas horas? Cada día estoy a la muerte. ¡Sí, hermanos! Como que ustedes son mi orgullo, en Cristo Jesús Señor nuestro, cada día estoy en peligro de muerte. Si por motivos humanos luché en Éfeso contra las bestias ¿qué provecho saqué? Si los muertos no resucitan, comamos y bebamos, que mañana moriremos" (1 Cor 15:30–32).

Amigo y amiga, ¿qué acción o acciones vas a emprender hoy para poner en práctica este mensaje?

Día 4: ¿Cómo resucitan los muertos? (15:35–58)

Este pasaje constituye la gran afirmación de la esperanza cristiana: si Jesucristo no resucitó de entre los muertos, vana es nuestra fe. Las preguntas a las que Pablo responde son dos: ¿cómo resucitan los muertos? y ¿con qué cuerpo? Responde que no todos los cuerpos son iguales, una es la carne del hombre y otra es la de las criaturas de Dios. Hay cuerpos celestes y cuerpos terrestres. Pablo utiliza la metáfora de la siembra para explicar cómo sucederá la resurrección de los muertos. Enterrar al muerto es una especie de siembra; el cuerpo natural, que es corruptible, va a resucitar incorruptible, glorioso y como un cuerpo espiritual. Tal como la semilla que se siembra se convierte en una bella flor o árbol, de igual manera sucede con la muerte y nuestro cuerpo. La semilla muere y algo nuevo brota de ella.

Pablo utiliza a Adán como imagen del ser vivo nacido del polvo, de la tierra; el hombre nuevo, Cristo resucitado, procede del cielo. El primer Adán es imagen de nuestra condición terrena y el segundo Adán es imagen de nuestra condición celeste, eterna. Cristo resucitado transforma nuestra carne. De esa manera, nuestro cuerpo ya no es corruptible y es capaz de glorificar eternamente a Dios que es Espíritu. Todos los que han muerto en el Señor serán transformados por el poder de Dios mismo. De esta manera podemos ver que la muerte ya no tiene poder alguno sobre el ser humano; la muerte ha sido vencida definitivamente porque Cristo resucitado ha inmolado nuestra humanidad. Pablo exclama: ¿Dónde está, oh muerte, tu victoria? ¿Dónde está, oh muerte, tu aguijón? Dios nos ha dado la victoria en el Señor Jesucristo.

Lectio divina

Siguiendo los pasos de la *lectio*, dedica entre ocho y diez minutos en silencio a meditar, orar y contemplar el siguiente pasaje:

"La muerte ha sido devorada por la victoria. ¿Dónde está, oh muerte, tu victoria? ¿Dónde está, oh muerte, tu aguijón?" (1 Cor 15:54-55).

Amigo y amiga, ¿qué acción o acciones vas a emprender hoy para poner en práctica este mensaje?

Día 5: La colecta para la Iglesia en Jerusalén y saludos finales (16:1–24)

Esta colecta expresa la solidaridad de los cristianos procedentes del pa ganismo con los judeo-cristianos residentes en el área de Palestina. Pablo entiende sus esfuerzos por esta colecta como un signo de verdadera comunión eclesial. El compartir los bienes materiales es signo de la escucha del Evangelio y del compromiso efectivo por vivir una vida fraterna. El saludo final de Pablo es una invitación a darse la paz (*shalom*) y el saludo "Ven, Señor" o *maranathá*. Estos saludos son propios del culto, lo cual refleja que las cartas se leían dentro de la celebración de la Eucaristía. Lo anterior nos indica que ya desde muy pronto, las cartas de Pablo se empezaban a situar al nivel de las Escrituras del pueblo de Israel. Por último, el saludo *maranathá*, que era una de las maneras en que los cristianos se saludaban, complementaba el *shalom* tradicional judío. La carta termina afirmando su total fidelidad a Cristo y a su Iglesia: "los amo a todos en Cristo Jesús".

Lectio divina

Siguiendo los pasos de la *lectio*, dedica entre ocho y diez minutos en silencio a meditar, orar y contemplar el siguiente pasaje:

"Velen, manténganse firmes en la fe, sean hombres, sean fuertes. Háganlo todo con amor" (1 Cor 16:13–14).

Amigo y amiga, ¿qué acción o acciones vas a emprender hoy para poner en práctica este mensaje?

Preguntas de reflexión:

1. ¿Qué piensas de la preferencia de Pablo por el don de la profecía sobre el don de lenguas? ¿Se han dado este tipo de situaciones en tu comunidad? ¿Qué es lo que sabes y piensas del movimiento de Renovación Carismática?
2. ¿Crees realmente en la resurrección de los muertos? Si es así, ¿vives como si realmente lo creyeras? Si no es así, ¿qué puedes hacer para vivir como pueblo de la resurrección?
3. Pablo nos habla sobre la importancia de la colecta. ¿Das en la colecta de la iglesia hasta que te duela o simplemente lo que te sobra? Si das, ¿lo haces por amor o por compromiso?

El ministerio en el Nuevo Testamento

2 CORINTIOS 1–5

"Pero llevamos este tesoro en recipientes de barro para que aparezca que una fuerza tan extraordinaria es de Dios y no de nosotros" (2 Cor 4:7).

Oración inicial (ver página 17)

Contexto

Parte 1: 2 Corintios 1:1–3:18: La Segunda Carta a los Corintios nos revela varios rasgos del carácter de Pablo. Esta carta nos da una imagen muy clara de un Pablo apasionado, amoroso, compasivo, triste, frustrado y hasta enfurecido. Muchos biblistas piensan que esta carta es una colección de cartas del Apóstol. Las cartas expresan diferentes emociones y reacciones de Pablo frente a la problemática existente en Corinto. En esta carta Pablo afirma que los corintios son su carta de recomendación. Tal afirmación nos permite ver el profundo amor y entrega del Apóstol hacia esta comunidad.

Saluda a los corintios y se presenta como apóstol de Cristo Jesús; les recuerda lo mucho que él voluntariamente sufre para que ellos puedan permanecer firmes en la fe. Pablo defiende su sincero deseo de visitarlos y les explica por qué no pudo visitarlos como lo había prometido. Su promesa es tan sincera como la del mismo Jesucristo; sin embargo, no pudo ir porque un miembro de la comunidad le había causado un profundo dolor. Pablo pide a los corintios que acepten de nuevo a este individuo en la comunidad ya que esta persona se ha arrepentido. Finalmente, Pablo les recuerda que todas sus capacidades vienen de Dios. Es Dios el que los ha capacitado para administrar una alianza nueva que se basa en el Espíritu.

Parte 2: 2 Corintos 4:1–5:21: Pablo afirma que el ministerio que recibió es por la pura misericordia de Dios y por ello ni se avergüenza ni acobarda. Pablo predica y declara la verdad, la Buena Nueva de Cristo, y por lo tanto es servidor por amor a Jesús. Dios mismo ha mandado esa luz eterna que ahora brilla en los corazones. Esta luz es un tesoro que los colaboradores de la viña del Señor llevan en vasijas de barro; este es el poder extraordinario que procede de Dios. Debido a que poseen el espíritu de fe, pueden soportar todo tipo de sufrimiento, ya que por la esperanza están convencidos de que resucitarán con Jesús.

Pablo aclara que la esperanza del cristiano nace de la conciencia de tener una morada eterna en el Cielo, construida por Dios mismo. Mientras se vive en la Tierra, en la tienda de campaña terrenal, se suspira afligido. Sin embargo, se tiene esa confianza de que, aun no estando físicamente con el Señor, lo pueden ver con los ojos de la fe. Por último, Pablo afirma que, si uno es cristiano, es por tanto una criatura nueva. Dios nos reconcilió por medio de Cristo y nos ha encomendado el ministerio de la reconciliación. Por eso ahora somos embajadores de Cristo y Dios habla por nosotros.

ESTUDIO EN GRUPO (2 COR 1:1–3:18)

Leer 2 Corintios 1:1–3:18 en voz alta.

1:1–11: Saludo y consuelo en la tribulación

Pablo se presenta como apóstol de Cristo Jesús por la voluntad de Dios. Este es su signo de obediencia. Les desea gracia y paz de parte de Dios Padre y del Señor Jesucristo. Después del saludo, da gracias a Dios por consolar a los corintios en la tribulación. Dios los consuela para que ellos a su vez puedan consolar a otros. Afirma que las tribulaciones y el consuelo que ellos reciben son para el consuelo de los corintios y así puedan recibir la fortaleza que les permita soportar los sufrimientos que les sobrevengan. Si los corintios comparten los sufrimientos de Pablo también compartirán su consuelo. Por último les comenta que, por la gracia de Dios, pudo salir con vida de una muerte segura en la provincia de Asia. Esto les puede servir para comprender cómo no deben confiar en sus propias fuerzas, sino en Dios que es capaz de resucitar a los muertos. Les pide que oren y sigan orando por ellos.

1:12–2:4: Cambio de planes y motivos del cambio

Pablo dice ahora a los corintios que su sano orgullo se apoya en el testimonio de su conciencia; él se ha comportado con la sencillez y sinceridad que Dios pide. De esta manera, Pablo trata de deshacer un malentendido que al parecer había surgido. Pablo tenía planes de visitarlos, pero decide enviarles una carta y esto al parecer causa quejas entre los corintios. Pablo responde a estas quejas como es común en él, apelando al testimonio de Cristo Jesús quien es el que dirige sus pasos e ilumina sus decisiones.

Pablo les dice que él no juega con la comunidad diciendo ahora sí y después no. Su ejemplo de conducta es Cristo Jesús quien cumple todas sus promesas; Jesús es puro, sí. Expresa que es el Espíritu el sello y la garantía del don futuro y definitivo. Pablo, de manera amorosa y apasionada, jura ante los corintios y pone a Dios como testigo de que no fue a Corinto por consideración a ellos. Pablo actúa como verdadero pastor al afirmar que no es dueño de la fe de ellos, sino que es un auténtico colaborador que quiere aumentar su alegría. Esta es una profunda afirmación del carácter del verdadero líder cristiano. El líder es honesto, compasivo, sencillo, claro, alegre y colaborador en la viña del Señor. Por último, Pablo expresa que su cambio de planes se debe a que alguien le ha causado una gran pena. No los visitó para no afligirlos. Pablo admite tenerles un gran amor y por eso les escribe con gran angustia y ansiedad, derramando lágrimas.

2:5–17: Perdón para el ofensor y prisionero del triunfo de Cristo

Pablo afirma que la persona que lo ha ofendido ya ha tenido suficiente castigo y que es necesario que la comunidad lo perdone, lo anime y lo admita de nuevo a la comunidad. Pablo les explica por qué escribe la carta: para ponerlos a prueba y ver si son capaces de obedecer en todo. A todo aquel que la comunidad perdone, también Pablo lo perdona. Pablo da gracias a Dios que siempre lo hace participar de la victoria de Cristo. Porque participan de la victoria de Cristo, Dios puede difundir por medio de ellos el aroma del conocimiento de Cristo. Es más, Pablo afirma que ellos son el aroma de Cristo ofrecido a Dios, un aroma que es fuente de muerte para unos y fuente de vida para otros. Pablo utiliza esta metáfora del perfume para expresar la realidad del anuncio del Evangelio: es cuestión de vida o muerte. Por último, Pablo pregunta: ¿quién está capacitado para semejante misión? Solo los enviados de Dios y miembros de Cristo que hablan con sinceridad y no como los que andan traficando con la Palabra.

3:1–18: La carta de recomendación de Pablo y el ministerio de la nueva alianza

Pablo, después de presentar sus credenciales como auténtico apóstol de Dios, pasa a afirmar una gran verdad eclesial. Sostiene que los corintios son su carta de presentación, ya que ellos mismos son una carta de Cristo que Él redactó por medio de Pablo y de sus compañeros. Tal carta fue escrita, no con tinta humana, sino con el Espíritu del Dios vivo en sus corazones. Pablo propone una reflexión sobre su ministerio apostólico comparándolo con el de Moisés. El contexto de esta reflexión es dirigirse con toda su energía contra la predicación de los falsos apóstoles, probablemente judeo-cristianos, que no se habían desprendido todavía de la mentalidad de la ley antigua. También el contexto de la confrontación de Pablo con estos falsos apóstoles se debe a que ellos desvirtuaban su labor y la novedad del Evangelio. Son los que traficaban con la Palabra ya que la distorsionaban y la vaciaban de su mensaje.

Pablo describe esta nueva alianza en oposición absoluta con la anterior alianza. La nueva alianza es una alianza del Espíritu, no de la ley. Esta nueva alianza da vida y el ministerio de Pablo es de absolución, de permanencia y de un resplandor y transparencia incomparables. Pablo afirma que, cuando las personas se conviertan a la nueva alianza, cuando se vuelvan al Señor, se removerá el velo, comprenderán las Escrituras, alcanzarán la libertad y serán completamente transformados por Cristo resucitado a través de su Espíritu.

Preguntas de reflexión:

1. Pablo habla de las tribulaciones y el consuelo que experimentan él y los corintios. ¿Has experimentado tribulaciones para que otros experimenten consuelo, ya sea en tu comunidad o vida personal? Si es así, ¿qué tipo de tribulaciones experimentaste? ¿Experimentaste consuelo después de las tribulaciones?
2. Alguien en Corinto le causó una tremenda pena a Pablo. ¿Has experimentado algo similar en tu comunidad o vida familiar? ¿De qué manera respondiste a esa situación?
3. Pablo dice que él y otros son el aroma de Cristo. ¿Te ves a ti mismo como aroma de Cristo? ¿Vives como aroma de Cristo? ¿Qué personas, ya sea en tu comunidad o en tu vida familiar, consideras que poseen el verdadero aroma de Cristo?
4. Pablo afirma que los corintios son su carta de recomendación. ¿Te considerarías una carta de recomendación de Pablo?
5. Pablo es apóstol de la nueva alianza, ¿qué es lo que más te llama la atención sobre la nueva alianza que describe Pablo?

Oración final (ver página 17)

Decir la oración final antes o después del ejercicio de *lectio divina*.

Lectio divina (ver página 9)

Relaja tu cuerpo y mantén una postura de oración (sentado, ojos cerrados, ambos pies en el piso). Este ejercicio puede tomar el tiempo que sea necesario. En el contexto de este estudio de Biblia, de diez a veinte minutos son suficientes. El propósito de la *lectio divina* es ayudarte a entrar en la dinámica de la oración y contemplación de la Palabra de Dios, que puedas entablar un diálogo con Dios en lo más íntimo de tu corazón. Ve la página 9 para más instrucciones.

Saludo y consuelo en la tribulación (1:1–11)

Lectura: Amigo y amiga, Pablo, apóstol de Cristo, después del saludo da gracias a Dios por consolar a los corintios en la tribulación. Dios los consuela para que ellos a la vez puedan consolar a otros. Sostiene que las tribulaciones y el consuelo que ellos reciben son para el consuelo de los demás corintios y así puedan recibir la fortaleza que les permita soportar los sufrimientos que deban afrontar. Les comenta que, por la gracia de Dios, pudieron salir con vida de una muerte segura. Esto les sirvió para que no confiaran en sus fuerzas, sino en Dios que es capaz de resucitar a los muertos. Les pide que oren y sigan orando por ellos.

Meditación: ¿Qué te dice a ti el texto bíblico en este día? Déjate examinar por el texto, no son palabras del pasado sino del presente. Pablo es un ejemplo de lo que es abandonarse completamente a la voluntad de Dios. ¿Te has abandonado completamente a la voluntad de Dios en tu vida? Reflexiona sobre esas experiencias y, si gustas, puedes compartir tus reflexiones con los demás.

Oración: Después de compartir con otros los pensamientos de tu meditación, ¿qué le vas a decir al Señor como respuesta a su Palabra? Guarda unos minutos en silencio para dialogar con Él y pídele la gracia de abandonarte completamente a Él.

Contemplación: ¿Qué conversión de la mente, del corazón y de tu vida te pide el Señor? Amigo y amiga, ¡dale tu mente, tu corazón y tu vida al Señor! Solo Él sabe lo que hay en tu corazón, ¡no tengas miedo!
Amigo y amiga, ¿qué acción o acciones vas a emprender hoy para poner en práctica este mensaje?

Cambio de planes y motivos del cambio (1:12–2:4)

Lectura: Amigo y amiga, Pablo afirma que su sano orgullo se apoya en el testimonio de su conciencia; se ha comportado con la sencillez y sinceridad que Dios pide. Pablo trata de deshacer un malentendido que al parecer ha surgido. El Apóstol tenía planes de visitarlos, pero decide enviarles una carta y esto al parecer molestó a los corintios. Pablo responde a esas quejas apelando al testimonio de Cristo Jesús quien es el que dirige sus pasos e ilumina sus decisiones.

Les dice que él no juega con la comunidad diciendo ahora sí y después no. Su ejemplo de conducta es Cristo Jesús, quien cumple todas sus promesas; Jesús es un sí puro y total. Pablo, de manera amorosa y apasionada, jura ante los corintios y pone a Dios como testigo de que no fue a Corinto por consideración a ellos. Pablo actúa como verdadero pastor al afirmar que no es dueño de la fe de ellos, sino que es un auténtico colaborador que quiere aumentar su alegría. Por último, Pablo confiesa tenerles un gran amor y por eso les escribe con gran angustia y ansiedad, derramando lágrimas.

Meditación: ¿Qué te dice el texto bíblico en este día? Déjate examinar por él, no son palabras del pasado sino del presente. Las palabras de Pablo nos ayudan a tener una comprensión profunda de lo que significa ser un verdadero pastor. Pablo afirma no ser dueño de la fe de los miembros de la comunidad; él se considera un simple colaborador. ¿Cuántas veces nos sentimos indispensables en nuestras comunidades de fe? ¿Cuántas veces pensamos que si no estamos ahí, todo se va a derrumbar? ¿Cuántas veces nos adjudicamos el mérito por el aprendizaje de otros en la fe? Pablo nos invita a tener cuidado con los pecados de orgullo y soberbia.

Oración: Después de la meditación, ¿qué le vas a decir al Señor como respuesta a su Palabra? En el silencio de tu corazón, pídele la gracia para que te haga más dócil a su Palabra. Guarden un momento de silencio y después juntos oren:

Señor Jesucristo, hazme un instrumento de tu amor,
hazme ver que no soy indispensable en todo momento y lugar;
hazme ver que eres Tú el arquitecto de la obra.
Líbrame de los pecados de orgullo y de soberbia.
Líbrame de la tentación de sentirme superior a los demás,
líbrame de mi excesiva autosuficiencia. Amén.

Contemplación: ¿Qué conversión de la mente, del corazón y de tu vida te pide el Señor? Amigo y amiga, ¡dale tu mente, tu corazón y tu vida al Señor! Solo Él sabe lo que hay en tu corazón, ¡no tengas miedo!

Amigo y amiga, ¿qué acción o acciones vas a emprender hoy para poner en práctica este mensaje?

Perdón para el ofensor y prisionero del triunfo de Cristo (2:5-17)

Lectura: Amigo y amiga, Pablo afirma que la persona que lo ha ofendido ya ha tenido suficiente castigo y que es necesario que la comunidad lo perdone, lo anime y lo admita de nuevo a la comunidad. A todo aquel que la comunidad perdone, también Pablo lo perdona. Pablo da gracias a Dios que siempre lo hace participar de la victoria de Cristo. Porque participan de la victoria de Cristo, Dios puede difundir por medio de ellos el aroma del conocimiento de Cristo. Pablo afirma que ellos son el aroma de Cristo ofrecido a Dios, un aroma que es fuente de muerte para unos y fuente de vida para otros. Pablo utiliza esta metáfora del perfume para expresar la realidad del anuncio del Evangelio; es cuestión de vida o muerte. Por último, Pablo pregunta, ¿quién está capacitado para semejante misión?

Meditación: ¿Qué te dice a ti el texto bíblico en este día? Déjate examinar por el texto, no son palabras del pasado sino del presente. Este texto nos invita a meditar sobre el aroma de Cristo. ¿Me atrevo a decir que soy aroma de Cristo? Pablo afirma que él es aroma de Cristo y en ciertas ocasiones le dice a sus comunidades que lo imiten a él porque él imita a Cristo. Amigo y amiga, ¿imitas a Cristo día tras día? Guarda un momento en silencio y reflexiona sobre las maneras en que puedes ser aroma de Cristo.

Oración: ¿Qué le vas a decir al Señor como respuesta a su Palabra? Cierra los ojos y habla con el Señor. Deja que su perfume te embriague el corazón y la mente. Que su aroma te consuma como un fuego incandescente. Extiende las manos en señal de oración y pídele la gracia de ser también aroma suyo.

Contemplación: ¿Qué conversión de la mente, del corazón y de tu vida te pide el Señor? Amigo y amiga, ¡dale tu mente, tu corazón y tu vida al Señor! Solo Él sabe lo que hay en tu corazón, ¡no tengas miedo!

Amigo y amiga, ¿qué acción o acciones vas a emprender hoy para poner en práctica este mensaje?

La recomendación de Pablo y el ministerio de la nueva alianza (3:1–18)

Lectura: Amigo y amiga, Pablo afirma que los corintios son su carta de presentación, ya que ellos mismos son una carta de Cristo que él mismo redactó por medio de él y de sus compañeros. Tal carta fue escrita, no con tinta humana, sino con el Espíritu del Dios vivo en sus corazones. Pablo propone una reflexión sobre su ministerio apostólico comparándolo con el de Moisés. El contexto de esta reflexión es dirigirse con toda su fuerza contra la predicación de los falsos apóstoles, probablemente judeo-cristianos, que no se habían desprendido todavía de la mentalidad de la ley antigua. Estos falsos apóstoles desvirtuaban la labor de Pablo y la novedad del Evangelio. Son los que traficaban con la Palabra, ya que la distorsionaban y la vaciaban de su mensaje.

Pablo describe esta nueva alianza como una alianza del Espíritu, no de la ley. Esta alianza da vida y es debido a esta nueva alianza que el ministerio de Pablo es de absolución, de permanencia, y de un resplandor y transparencia incomparables. Pablo afirma que cuando las personas se conviertan a la nueva alianza, cuando se vuelvan al Señor, se removerá el velo, comprenderán las Escrituras, alcanzarán la libertad y serán completamente transformadas por Cristo resucitado a través de su Espíritu.

Meditación: ¿Qué te dice a ti el texto bíblico en este día? Guarda algunos momentos de silencio para la meditación de este texto.

Oración: ¿Qué le vas a decir al Señor como respuesta a su Palabra? Con los ojos cerrados y las manos extendidas, pídele en el silencio de tu corazón la valentía para vivir una auténtica vida cristiana.

Contemplación: ¿Qué conversión de la mente, del corazón y de tu vida te pide el Señor? Amigo y amiga, ¡dale tu mente, tu corazón y tu vida al Señor! Solo Él sabe lo que hay en tu corazón, ¡no tengas miedo!

Amigo y amiga, ¿qué acción o acciones vas a emprender hoy para poner en práctica este mensaje?

Día 1: La predicación sincera (4:1–6)

Pablo responde a las acusaciones de sus enemigos. El ministerio que ha recibido es por pura misericordia de Dios y no tiene reparo en proclamarlo. Pablo y sus compañeros declaran la verdad de la Palabra y se someten a la conciencia de los demás delante de Dios mismo. El mensaje de la Buena Nueva no está encubierto, los que no creen es porque el dios de este mundo los ha llenado de incredulidad. Pablo y sus compañeros anuncian la Buena Nueva de Cristo; ellos no se anuncian a sí mismos, son servidores de los demás por amor a Jesús. El ministerio de Pablo es un ministerio de luz; esa luz de Dios que ahora brilla en sus corazones. La luz de Dios manifiesta su gloria por medio de ellos; en ellos brilla el rostro de Cristo.

Lectio divina

Siguiendo los pasos de la *lectio*, dedica entre ocho y diez minutos en silencio a meditar, orar y contemplar el siguiente pasaje:

"Antes bien, hemos repudiado el silencio vergonzoso no procediendo con astucia, ni falseando la palabra de Dios; al contrario, mediante la manifestación de la verdad nos recomendamos a toda conciencia humana delante de Dios" (2 Cor 4:2).

Amigo y amiga, ¿qué acción o acciones vas a emprender hoy para poner en práctica este mensaje?

Día 2: La confianza en Dios (4:7–15)

Pablo afirma que ese ministerio, esa luz, ese tesoro los corintios lo llevan en vasijas de barro para que de esta manera se pueda ver más claramente el poder extraordinario que procede de Dios y no de ellos. Estas palabras nos recuerdan al profeta Jeremías en el taller del alfarero (Jr 18). También afirma que físicamente llevan los sufrimientos de la muerte de Jesús para que de esta manera se manifieste la vida de Jesús; solo un crucificado puede ser el más apto mensajero del Crucificado. Pablo encarna la misma vida de

Jesús, su muerte y su vida. Lo que importa no es el recipiente en sí, sino lo que contiene. De esta manera, ellos son instrumentos de redención y gloria de Dios movidos por el espíritu de fe que los ha hecho creer y hablar. Y lo hacen porque están convencidos de que Dios los resucitará con Jesús y los llevara a su presencia; en su carne manifiesta el misterio pascual de Jesús, la cruz. A final de cuentas, Pablo admite que todo esto lo hace para que la gracia se multiplique en muchos y den gracias para la mayor gloria de Dios. Pablo es esa vasija frágil de barro; su frágil humanidad y su apostolado.

Lectio divina

Siguiendo los pasos de la *lectio*, dedica entre ocho y diez minutos en silencio a meditar, orar y contemplar el siguiente pasaje:

"Pero llevamos este tesoro en recipientes de barro para que aparezca que una fuerza tan extraordinaria es de Dios y no de nosotros" (2 Cor 4:7).

Amigo y amiga, ¿qué acción o acciones vas a emprender hoy para poner en práctica este mensaje?

Día 3: La esperanza de la gloria (4:16–5:10)

Pablo admite que su exterior se va deshaciendo pero su interior se va renovando día a día. Las angustias presentes son pasajeras ya que la gloria perpetua les espera. Tiene su mirada puesta en lo invisible, en lo que no caduca y no tiene fin. Lo visible es pasajero y no es para siempre. Estas son palabras que reflejan su convicción más plena de lo que significa la fe. El cuerpo humano, aunque sea destruido, tiene ya una vivienda en el Cielo –vivienda construida por Dios mismo–. Por lo tanto, mientras se vive aquí en la Tierra, se suspira ya por esa morada que Dios le ha preparado a uno; el alma se encuentra en total agonía al no poder estar todavía con Dios. Mientras estemos aquí en la tierra, se está en una especie de destierro y aunque no se puede ver al Señor tal cual es, se vive sostenido por la fe. Con gran fe esperamos el momento en que estemos frente a Dios y lo veamos tal cual es.

Siguiendo los pasos de la *lectio*, dedica entre ocho y diez minutos en silencio a meditar, orar y contemplar el siguiente pasaje:

"Porque sabemos que si esta tienda, que es nuestra morada terrestre, se desmorona, tenemos un edificio que es de Dios: una morada eterna, no hecha por mano humana, que está en los cielos". (2 Cor 5:1).

Amigo y amiga, ¿qué acción o acciones vas a emprender hoy para poner en práctica este mensaje?

Día 4: El criterio de la fe (5:11–16)

Pablo se defiende de los múltiples ataques que sigue recibiendo, afirmando su profundo respeto al Señor. Afirma que Dios los conoce plenamente y espera que los corintios lo conozcan de la misma manera. Pablo quiere que los corintios se sientan orgullosos de sí mismos frente a los que presumen de apariencias y no de lo que hay en el interior de sus corazones. El amor de Cristo que hay dentro de Pablo es el que lo motiva a luchar por ellos y a no permitir que sean engañados. Cristo murió por todos ellos para que de esa manera tengan vida y ya no vivan para sí mismos, sino para el que los resucitó a la vida eterna. El que ha muerto y resucitado en Cristo, ya no puede juzgar y actuar utilizando criterios humanos, ya que ahora tiene una manera nueva de pensar.

Lectio divina

Siguiendo los pasos de la *lectio*, dedica entre ocho y diez minutos en silencio a meditar, orar y contemplar el siguiente pasaje:

"Si hemos perdido el juicio, ha sido por Dios; y si somos sensatos, lo es por ustedes" (2 Cor 5:13).

Amigo y amiga, ¿qué acción o acciones vas a emprender hoy para poner en práctica este mensaje?

Día 5: El mensaje de la reconciliación (5:17–21)

Hasta este momento, Pablo ha defendido su autoridad apostólica y la autenticidad de su misión entre los corintios. Ha respondido a las acusaciones que le han hecho los falsos apóstoles. Pablo pide la reconciliación en la comunidad. Lo que realmente está en juego con tantas discordias, no son las peleas personales entre Pablo y los difamadores, sino la credibilidad del mensaje del Evangelio. Dios nos reconcilió por medio de Cristo sin tener en cuenta nuestros muchos o pocos pecados, y nos ha confiado el mensaje de la reconciliación.

Pablo hace una de las afirmaciones más bellas del Nuevo Testamento al decir que somos embajadores de Cristo; es como si Dios hablase por nosotros. Somos los portavoces oficiales de la misericordia de Dios adonde quiera que vayamos; es un gran don y una responsabilidad. Pablo exhorta a los corintios y a los que lo han difamado a que se dejen reconciliar con Dios. ¿Por qué deben hacerlo? Para seguir el ejemplo de Cristo. Él que no conocía el pecado, se hizo pecado por todos nosotros para reconciliarnos y de esa manera hacernos inocentes ante Dios. Cristo tomó nuestra culpa; este es el amor infinito de Dios y nosotros como embajadores es lo que comunicamos.

Lectio divina

Siguiendo los pasos de la *lectio*, dedica entre ocho y diez minutos en silencio a meditar, orar y contemplar el siguiente pasaje:

"Somos, pues, embajadores de Cristo, como si Dios exhortara por medio de nosotros" (2 Cor 5:20).

Amigo y amiga, ¿qué acción o acciones vas a emprender hoy para poner en práctica este mensaje?

Preguntas de reflexión:

1. ¿Qué piensas de la imagen de las vasijas de barro que Pablo presenta? ¿Qué nos dice esa imagen a nosotros sobre la manera de actuar de Dios?

2. Pablo habla sobre tener puesta la mirada en lo invisible, ya que lo visible es solo algo pasajero. ¿Qué podemos hacer como Iglesia para comunicar este mensaje? ¿Vives este mensaje en tu vida personal? Si no es así, ¿qué cosas prácticas puedes hacer para empezar a vivir de esa manera?

3. Pablo dice que somos embajadores de la reconciliación de Dios. ¿De qué manera fomenta usted este mensaje en su comunidad o familia?

El tiempo aceptable y gloriarse en el Señor

2 CORINTIOS 6–13

"¿Que son hebreos? También yo lo soy. ¿Que son israelitas? ¡También yo! ¿Son descendencia de Abrahán? ¡También yo! ¿Ministros de Cristo? — ¡Digo una locura!— ¡Yo más que ellos! Más en trabajos; más en cárceles; muchísimo más en azotes; en peligros de muerte, muchas veces. Cinco veces recibí de los judíos los cuarenta azotes menos uno. Tres veces fui azotado con varas; una vez lapidado; tres veces naufragué; un día y una noche pasé en alta mar" (2 Cor 11:22–25).

Oración inicial (ver página 17)

Contexto

Parte 1: 2 Corintios 6:1–10:18: En los capítulos 6 y 7 Pablo afirma su dedicación al ministerio y acepta todo tipo de aflicciones por amor al Señor. Pablo declara que los cristianos son el templo de Dios y ese templo no debe caer y relacionarse con los ídolos. Pablo comenta que recibió noticias de Tito sobre la tristeza que su carta causó entre los corintios. Admite no arrepentirse de la carta enviada, ya que estarán tristes solo por un corto tiempo. Por otra parte, se alegra del arrepentimiento que tal carta ha provocado entre los corintios. La tristeza por voluntad de Dios produce un arrepentimiento saludable.

En los capítulos 8 y 9, Pablo expresa admiración por la generosidad de la comunidad. Los anima a dar generosamente con el mismo espíritu que han mostrado en su práctica de otras virtudes. Pablo los anima a dar, pero nunca los obliga. Les propone el ejemplo de Cristo pobre como el modelo de la generosidad para el cristiano. El Señor Jesucristo siendo rico se hizo pobre y lo hizo para enriquecernos con su pobreza. Por tanto, Pablo les pide que cada uno aporte lo que en conciencia se ha propuesto y no dé de mala gana, sino con amor. Dios ama al que da con alegría. En el capítulo 10, Pablo empieza su auto-defensa en contra de los falsos apóstoles.

Parte 2: 2 Corintios 11:1–13:13: En el capítulo 11, Pablo presenta su auto-defensa en todo su amplitud. Su auto-defensa nos da una muy buena idea de todas las acusaciones que le hacían los falsos apóstoles. Su auto-defensa nos hace conocer de manera más profunda el intenso amor de Pablo por Cristo. En los últimos capítulos de su carta, nos sigue presentando más características de su persona y de ese intenso encuentro transformador que tuvo con el Señor. Nos cuenta sus revelaciones y sus grandes flaquezas. Este es Pablo abriendo su corazón. Habla de lo que ha sido su ministerio en Corinto y de lo mucho que los quiere. Por último, ofrece sus últimas exhortaciones y los anima a examinarse personalmente para comprobar si se mantienen firmes en la fe recibida. Termina su carta con saludos para todos, deseándoles alegría, perfección, armonía y paz. Se despide con la invocación trinitaria: la gracia del Señor Jesucristo, el amor de Dios y la comunión del Espíritu.

ESTUDIO EN GRUPO (2 COR 6:1–10:18)

Leer 2 Corintios 6:1–10:18 en voz alta.

6:1–13: El ministerio apostólico

Pablo nos presenta el verdadero retrato de lo que debe ser un servidor del Evangelio. El servidor es un colaborador de Dios que en todo momento demuestra ser verdadero discípulo. También afirma que el mensajero del Evangelio se debe identificar con el mensaje y este mensaje es Cristo crucificado. En todo momento el servidor debe ser dócil al Espíritu Santo, con amor no fingido. El cristiano debe vivir con su vida el camino de la cruz; esta es la marcha triunfal de la persona que ya está participando del poder de la resurrección. Por ello las difamaciones, las mentiras, las angustias, los azotes, las fatigas y las tribulaciones no pueden detenerlos. Jesús mismo soportó todo esto y aún más. Pablo les dice que ante los ojos de los demás parecen estar derrotados, pero internamente están alegres y llenos de gozo.

6:14–18: Templo de Dios

Pablo presenta la incompatibilidad entre Cristo y los ídolos. Pablo responde brevemente a la grave problemática a la que se enfrentaban los recién convertidos del paganismo. Mediante una serie de preguntas los invita a examinar su conciencia para que ellos mismos vean cuán incompatible es su condición de creaturas nuevas con la vida anterior que tenían. Les pide de manera enérgica, como un buen padre, que se aparten de lo impuro y de los infieles que los privan de vivir una vida plena en Cristo Jesús. De esta manera, van a hacer realidad la obra de la santificación y respetarán a Dios.

7:2–16: La reacción de los corintios y de Pablo

Después de un breve paréntesis, Pablo prosigue con su enseñanza sobre el ministerio apostólico en los versículos 2, 3 y 4. Les pide que le hagan un lugar en su corazón ya que a nadie ha perjudicado, ni arruinado ni explotado. No es un reproche que les hace, sino que les habla con toda franqueza ya que los ama y su corazón está lleno de consuelo y gozo. Les comenta cómo sigue pasando adversidades, pero que fue confortado con la llegada y con las noticias que Tito le trajo. No se lamenta de que la carta que les envió les haya causado gran tristeza, sino que se alegra, no por la tristeza naturalmente, sino por el arrepentimiento que su carta trajo a la comunidad.

Pablo les dice que esta tristeza que les causó venía de Dios mismo y, por lo tanto, su arrepentimiento es por voluntad de Dios. Les da una lista de las cosas que ha causado la tristeza que proviene de Dios: solicitud, petición de disculpas, indignación, respeto, añoranza, afán y escarmiento. Pablo les confiesa que escribió esa carta por su bien y para que descubrieran por ellos mismos y delante de Dios la solicitud que tienen por ellos Pablo y sus compañeros. Tito ha podido ver cómo el cariño entre los corintios seguía creciendo, así como la obediencia y atención con el que lo recibieron. Pablo se alegra de poder confiar tanto en los corintios.

8:1–8: La colecta para Jerusalén

Para Pablo la colecta es una gracia porque está al servicio de los pobres. Según Pablo, el poder dar y dar generosamente a los demás es una gracia de Dios. Dios mismo es el ejemplo de lo que significa dar todo de sí mismo. Pablo manifiesta su alegría con las iglesias de Macedonia porque, en su extrema pobreza, derrocharon generosidad. Hicieron hasta más de lo que podían, dieron con manos llenas y con un corazón generoso. Los macedonios comprendieron el significado de la colecta: un servicio para los cristianos.

8:9–24: El ejemplo de Cristo pobre

La opción preferencial por los pobres está a la base de todo servicio en la comunidad cristiana. Pablo utiliza el ejemplo de Cristo pobre para hablar sobre la generosidad, la solidaridad y la caridad cristianas. Cristo, siendo infinitamente rico, se hizo pobre por nosotros para enriquecernos con su pobreza. Cristo siendo Dios asume la pobreza humana. Pero esta pobreza existencial de Cristo también se manifestó de manera clara en la pobreza de Jesús de Nazaret. Este Jesús se identificó con los marginados y económicamente pobres. Pablo también comenta que, cuando hablamos de pobreza y generosidad cristianas, no se trata de que los que dan sufran necesidad para que otros vivan en la abundancia, sino de lograr la igualdad. La abundancia de los que tienen debe remediar la escasez de los que no tienen y algún día la abundancia de los que no tienen remediará la escasez de los que tienen. Solo así podrá haber verdadera igualdad, con el intercambio de los bienes materiales y espirituales. Pablo nos presenta lo que se puede considerar una utopía cristiana.

9:1–15: La insistencia en la colecta

Pablo insiste en la importancia de la colecta; quiere impulsar la colecta, no forzarla. El fundamento bíblico de este mensaje es palpable; Pablo nos proporciona varias citas bíblicas del Antiguo Testamento donde es claro que Dios es el dador por excelencia y un claro ejemplo es la tierra que le da al pueblo de Israel. De nuevo podemos apreciar en este mensaje que para Pablo el compartir con los más necesitados es de capital importancia. Para él dar es sinónimo de solidaridad, comunión y servicio. Si Dios nos da a manos llenas, un corazón generoso, o sea, tocado por Dios, también debe ser capaz de dar.

Y esta es la clave de lo que significa compartir con los más necesitados; el rico comparte de las bendiciones materiales que Dios le ha dado con aquellos que tienen menos para, de esta manera, el que tiene menos pueda vivir una vida más digna. El que tiene menos materialmente, también tiene la obligación de compartir aquello que Dios le ha dado. Es un intercambio mutuo, ambos dan de su abundancia. Pablo afirma que las iglesias al dar a la Iglesia madre de Jerusalén muestran estar en comunión con ella. Esta es una manera excelente de fomentar los lazos de comunión entre las iglesias: todas unidas forman el cuerpo de Cristo.

10:1–11: La defensa polémica de Pablo

Después de hablar sobre la importancia de la colecta, Pablo hace un cambio brusco de tema y tono en los siguientes capítulos. Pablo ahora presenta su defensa contra los que están difamándolo. Estos últimos capítulos de la carta son una verdadera joya para conocer cómo Pablo defiende su apostolado y cómo es su apasionada personalidad. Pablo es sincero, desafiante, irónico y comprende profundamente el sentido de su misión. Nos regala un modelo del cómo un servidor de Cristo puede defenderse de todo ataque, siempre y cuando el ministro encarne verdaderamente a Cristo en su vida.

Pablo afirma que sus armas no son humanas, como tal vez lo eran las de los falsos profetas. El recurre al poder de Dios para demoler fortalezas, teorías y todo tipo de soberbia humana que se levanta contra el conocimiento de Dios. Pablo les dice que no hay que fijarse en las apariencias y de manera irónica afirma que aunque él se gloriara más de la cuenta de la autoridad que le dio el mismo Señor, no sentiría ninguna vergüenza. Humanamente él podía comparar su autoridad con la autoridad de aquellos que lo humillaban. Pablo les dice a sus acusadores que él es enérgico y grave tanto por carta como en persona.

10:12-18: El poder del apóstol

Los enemigos de Pablo argumentaban que él no era un apóstol en sentido amplio y, por tanto, carecía de la auténtica autoridad apostólica para fundar y estar al frente de las comunidades. Sus acusadores alegaban que ellos eran de Cristo y que estaban en relación con la Iglesia en Jerusalén. Esta situación sin precedentes hace que Pablo entre en una apasionada defensa-comparación de su apostolado. Afirma que él y sus acompañantes no se elogian a sí mismos y que ellos fueron los primeros en llegar para comunicarles la Buena Nueva de Cristo. No llegaron a anunciar a Cristo a lugares donde ya se había hecho el anuncio, sino a lugares no cultivados. Afirma que aquellos que quieran gloriarse, que se gloríen en el Señor. Y, ¿qué significa gloriarse? Significa caminar cargando la cruz del Crucificado.

Preguntas de reflexión:

1. En la visión de Pablo, el mensajero más apto del Evangelio debe ser un crucificado que pueda predicar al Crucificado. ¿Conoces a personas en tu comunidad o familia que sean ejemplos de lo que Pablo dice? Y tú, ¿te ves a ti mismo como una persona crucificada? ¿Por qué sí o por qué no?
2. Pablo admite ante los corintios que no se arrepiente de su carta que les ha causado gran tristeza. ¿Ha habido ocasiones cuando las lecturas bíblicas en la Eucaristía te han causado tristeza? ¿De qué manera reaccionaste?
3. Para Pablo la colecta es una gracia porque está al servicio de los pobres. ¿Qué necesitamos hacer como Iglesia para que esta enseñanza de Pablo sea entendida por todos los fieles?

4. Cristo se ha hecho pobre por todos nosotros para enriquecernos con su pobreza. ¿De qué maneras te has hecho pobre para que los demás te enriquezcan? ¿Qué podemos hacer como Iglesia para que más personas vivan a ejemplo de Cristo pobre?

Oración final (ver página 17)

Decir la oración final antes o después del ejercicio de *lectio divina*.

Lectio divina (ver página 9)

Relaja tu cuerpo y mantén una postura de oración (sentado, ojos cerrados, ambos pies en el piso). Este ejercicio puede tomar el tiempo que sea necesario. En el contexto de este estudio de Biblia, de diez a veinte minutos son suficientes. El propósito de la *lectio divina* es ayudarte a entrar en la dinámica de la oración y contemplación de la Palabra de Dios, que puedas entablar un diálogo con Dios en lo más íntimo de tu corazón. Ve la página 9 para más instrucciones.

El ministerio apostólico (6:1–13)

Lectura: Amigo y amiga, Pablo nos presenta el verdadero retrato de lo que debe ser un servidor del Evangelio. El servidor es un colaborador de Dios que en todo momento demuestra ser verdadero discípulo. También afirma que el mensajero del Evangelio se debe identificar con el mensaje y este mensaje es Cristo crucificado. El cristiano debe vivir en su vida el camino de la cruz; esta es la marcha triunfal de la persona que ya está participando del poder de la resurrección. Por ello las difamaciones, las mentiras, las angustias, los azotes, las fatigas y las tribulaciones no pueden detenerlos.

Meditación: ¿Qué te dice a ti el texto bíblico en este día? Permítele a Dios que te examine por medio de su palabra escrita, no son palabras del pasado sino del presente. El verdadero cristiano siempre lleva la cruz de Jesús; el cristiano se gloría en la cruz redentora. Amigo y amiga, ¿tienes los mismos sentimientos que Pablo? ¿Te han detenido las difamaciones y mentiras de otras personas? Sería importante que en este momento reflexionaras sobre la manera como reaccionas cuando las personas te atacan por causa del Evangelio. Guarda un momento de silencio.

Oración: Después de esta breve meditación, ¿qué le vas a decir al Señor como respuesta a su Palabra? Eleven sus plegarias, como grupo, a Dios en este momento. Háganlo en espíritu de oración para que el Señor les conceda, según su voluntad, lo que le piden.

Contemplación: ¿Qué conversión de la mente, del corazón y de tu vida te pide el Señor? Amigo y amiga, ¡dale tu mente, tu corazón y tu vida al Señor! Solo Él sabe lo que hay en tu corazón, ¡no tengas miedo!
Amigo y amiga, ¿qué acción o acciones vas a emprender hoy para poner en práctica este mensaje?

La reacción de los corintios y de Pablo (7:2–16)

Lectura: Amigo y amiga, Pablo les pide a los corintios que le hagan un lugar en su corazón ya que a nadie ha perjudicado, ni arruinado ni explotado. No es un reproche que les hace, sino que les habla con toda franqueza ya que los ama y su corazón está lleno de consuelo y gozo. No se lamenta de que la carta que les envió, les haya causado gran tristeza, sino que se alegra, no por la tristeza que causó en ellos, sino por el arrepentimiento saludable que esta trajo. Pablo les dice que esta tristeza causada venía de Dios mismo y por lo tanto su arrepentimiento es por voluntad de Dios. Pablo les confiesa que escribió esa carta por su bien y para que descubrieran por ellos mismos y delante de Dios la preocupación que tienen por ellos Pablo y sus compañeros.

Meditación: ¿Qué te dice el texto bíblico en este día? Deja que Dios te examine por medio de su Palabra escrita, no son palabras del pasado sino del presente. ¿Ha habido ocasiones en las que la Palabra de Dios te ha causado gran tristeza? En tu reflexión trae a la memoria esos momentos de gracia. Si el mensaje del Evangelio no taladra nuestros oídos y corazones, entonces no es el Evangelio lo que estamos escuchando. El Evangelio destroza todos nuestros egoísmos y rencores para purificarnos y darnos un corazón y una mente nuevos. Amigo, amiga, ¡dale tu mente, tu corazón y tu vida al Señor! Solo él sabe lo que hay en tu corazón. ¡No tengas miedo!

Oración: Después de la meditación que hemos hecho, ¿qué le vas a decir al Señor como respuesta a su Palabra? En un rato de silencio pídele al Señor lo que más deseas en este momento.

Contemplación: ¿Qué conversión de la mente, del corazón y de tu vida te pide el Señor?
Amigo y amiga, ¿qué acción o acciones vas a emprender hoy para poner en práctica este mensaje?

El ejemplo de Cristo pobre (8:9–24)

Lectura: Amigo y amiga, la opción preferencial por los pobres está a la base de todo servicio en la comunidad cristiana. Pablo utiliza el ejemplo de Cristo pobre para dar mayor vigor a su enseñanza sobre la generosidad, la solidaridad y la caridad cristianas. Cristo, siendo infinitamente rico, se hizo pobre por nosotros para enriquecernos con su pobreza. Cristo siendo Dios asume la pobreza humana. Pero esta pobreza existencial de Cristo también se manifestó de manera clara en la pobreza de Jesús de Nazaret. Por tanto, la abundancia de los que tienen debe remediar la escasez de los que no tienen y algún día la abundancia de los que no tienen puede remediar la escasez de los que tienen. Solo así podrá haber verdadera igualdad, en el intercambio de bienes materiales y espirituales.

Meditación: ¿Qué te dice el texto bíblico en este día? Permítele al Señor que te examine por medio de su Palabra escrita, no son palabras del pasado sino del presente. Los pobres siempre estarán con nosotros, por lo tanto, las oportunidades de amar a los más desprotegidos siempre estarán a la orden del día. Amigo, amiga, ¿te sientes cómodo al lado del pobre? ¿Qué reacción tienes cuando los ves a tu alrededor? Dialoga con tus compañeros sobre esta realidad.

Oración: ¿Qué le vas a decir al Señor como respuesta a su Palabra? Amigo y amiga, ¡dale tu mente, tu corazón y tu vida al Señor! Solo él sabe lo que hay en tu corazón, ¡no tengas miedo! En un profundo momento de silencio escucha lo que Dios te dice.

Contemplación: ¿Qué conversión de la mente, del corazón y de tu vida te pide el Señor?

Amigo y amiga, ¿qué acción o acciones vas a emprender hoy para poner en práctica este mensaje?

El poder del apóstol (10:12–18)

Lectura: Amigos y amigas, los enemigos de Pablo argumentaban que él no era un apóstol en sentido completo y por tanto carecía de la auténtica autoridad apostólica para fundar y estar al frente de las comunidades. Esta situación sin precedentes hace que Pablo entre en una apasionada defensa-comparación de su apostolado. Pablo afirma que aquellos que quieran gloriarse, que se gloríen en el Señor.

Meditación: ¿Qué te dice a ti el texto bíblico en este día? Permite que el Señor te examine por medio de su Palabra escrita, no son palabras del pasado sino del presente. Y ¿qué significa gloriarse? Significa caminar con la cruz del Crucificado. Amigo, amiga, ¿estás listo para emprender esta jornada? Hay tantos obstáculos en el camino que pueden abrumarnos, pero recuerda, ¿Quién dijo que seguir a Jesucristo iba a ser fácil? ¿Quién dijo que el mundo nos iba a amar por seguir a Cristo Jesús? Amigo, amiga, tienes dos opciones: seguir a Cristo o seguir a Cristo. El cristiano no es un cobarde; el cristiano no es espectador de la historia; el cristiano no se la pasa "balconeando"; el cristiano no es un burócrata; el cristiano no es un payaso. El cristiano sigue a Cristo crucificado y resucitado.

Oración: ¿Qué le vas a decir al Señor como respuesta a su Palabra? Amigo y amiga, ¡dale tu mente, tu corazón y tu vida al Señor! Solo él sabe lo que hay en tu corazón, ¡no tengas miedo! Pídele al Señor en tu corazón que te dé la gracia de caminar con él.

Contemplación: ¿Qué conversión de la mente, del corazón y de tu vida te pide el Señor?

Amigo y amiga, ¿qué acción o acciones vas a emprender hoy para poner en práctica este mensaje?

ESTUDIO PERSONAL (2 COR 11:16–13:13)

Día 1: Finge ser necio polemizando (11:1–15)

Pablo decide responder a los ataques de sus acusadores desde la perspectiva de un necio que se da gloria a sí mismo. Pablo le ha dicho a los corintios que si se han dejado engañar por aquellos que se glorían a sí mismos, entonces él va a responder hablándoles de la misma manera y así ellos podrán compararlos y ver quién tiene más méritos. Pablo aclara que va a hablar como un necio; esta es la razón por la cual algunos biblistas llaman esta parte de la carta "el discurso de locura de Pablo". Lo irónico de esta defensa de Pablo es que está dispuesto a todo con tal de defender el Evangelio que predica, el tener que gloriarse como si estuviese loco y fuera todo un necio.

Pablo pide a los corintios que aguanten un poco de locura de su parte. Les dice que tiene celos por ellos, celos de Dios como un padre que presenta a su hija virgen ante un solo marido, Cristo. Pablo hace referencia al Génesis, donde la serpiente sedujo a Eva, para compararla como una situación paralela a la situación que los corintios han experimentado con los falsos apóstoles. La serpiente engañó a Eva y de igual manera ellos se han dejado engañar y por consecuencia han abandonado la sinceridad y fidelidad a Cristo. Pablo, de manera irónica, dice a los corintios que si alguien les predica algo diferente a lo que él les enseñó, seguramente lo aceptarían. Tan crédulos son.

Pablo les dice con gran convicción que en nada es inferior a los llamados súper apóstoles. Admite que no tiene la elocuencia de sus adversarios, pero que no le falta el conocimiento. Les pregunta si hizo mal en humillarse tanto por su bienestar; les dice que no quiso costarles ni un centavo. Admite que en nada ha sido carga para ellos y que sus hermanos de Macedonia le ayudaron a cubrir sus necesidades. Acusa a los falsos apóstoles de ser obreros fingidos y estar disfrazados de apóstoles de Cristo. Aún más: si el mismo Satanás se disfraza como ángel de luz, no es de extrañar que estos ministros se disfracen de agentes de justicia.

Lectio divina

Siguiendo los pasos de la *lectio*, dedica entre ocho y diez minutos en silencio a meditar, orar y contemplar el siguiente pasaje:

"No me juzgo en nada inferior a esos «superapóstoles». Pues si carezco de elocuencia, no así de ciencia; que en todo y en presencia de todos se lo hemos demostrado" (2 Cor 11:5–6).

Amigo y amiga, ¿qué acción   0o acciones vas a emprender hoy para poner en práctica este mensaje?

Día 2: Alardes de un necio fingido (11:16–33)

Pablo le vuelve a repetir a los corintios que nadie debe tomarlo por insensato, y si así fuese, les pide que lo soporten para que él también pueda gloriarse un poco. Dice esto porque los falsos apóstoles, a los cuales les han creído todo lo que dicen, lo han hecho. Los falsos apóstoles han hablado como unos insensatos, por tanto, Pablo les pide que lo dejen hacer lo mismo por unos momentos. El Pablo irónico les vuelve a aclarar que lo que va a decirles no se lo ha dictado el Señor, sino que es él hablándoles como un loco. Ya que los demás se glorían en lo poco que saben y tienen, ahora él que sabe y tiene mucho más, va a gloriarse un poco.

El genio de Pablo se muestra en su forma de utilizar la sátira para ridiculizar a sus oponentes. En Pablo tenemos el más grande ejemplo de lo que significa la humildad del servidor de Cristo. Él no hace alarde de sus credenciales apostólicas, pero las va a utilizar cuando no hay otro recurso. Pero aun así, cuando lo hace, aclara que habla como un necio. Pablo era severamente criticado por su apariencia y humillado porque no aparentaba alguien de gran conocimiento. Pablo les da toda una cátedra del conocimiento personal que tiene del Señor y de los grandes sufrimientos que por Él ha padecido.

Pablo, el más sobresaliente estudioso de la ley bajo la tutela de Gamaliel, ve todo como paja ante la grandeza del Evangelio. Cristo, que se despoja de sí mismo, es su todo; Cristo es su razón de vivir y todo está perdido sin Cristo. El amor de Pablo por Cristo es un amor inquebrantable y más fuerte que la misma muerte. En lo único que Pablo sí puede gloriarse, si es que hay que gloriarse en algo, es en su debilidad. Ya que su debilidad le hace ver y experimentar el enorme amor de Dios por semejante creatura.

Lectio divina

Siguiendo los pasos de la *lectio*, dedica entre ocho y diez minutos en silencio a meditar, orar y contemplar el siguiente pasaje:

"Lo que les voy a decir, no lo diré según el Señor, sino como en un acceso de locura, seguro de tener algo de qué gloriarme. Ya que tantos otros se glorían según la carne, también yo me voy a gloriar" (2 Cor 11:17–18).

Amigo y amiga, ¿qué acción o acciones vas a emprender hoy para poner en práctica este mensaje?

Día 3: Revelación y flaquezas (12:1–10)

Pablo nos narra, de manera muy breve, una de sus experiencias espirituales. Pablo lo ve como don de Dios y por tanto no puede vanagloriarse de ello y mucho menos exhibirlo como credencial de su apostolado. Pablo habla de que fue arrebatado hasta el tercer cielo y que, ya sea con el cuerpo o sin el cuerpo, fue arrebatado al paraíso y escuchó palabras inefables. Pablo afirma que de esto él podría gloriarse, pero decide no hacerlo porque prefiere gloriarse en sus debilidades.

De manera irónica afirma que podría gloriarse de todo eso que experimentó, ya que es la verdad, pero decide no hacerlo. No quiere que las personas lo enaltezcan tanto ya que él es solo un instrumento del Señor, una vasija de barro. Aclara que para ayudarle a no olvidar su debilidad humana, una espina le fue clavada en su carne. Pidió al Señor que la apartara de él, pero Él le respondió que solo le bastaba su gracia. Realmente no sabemos a ciencia cierta a qué "aguijón" se refiere Pablo, cuando habla del delegado de Satanás que lo abofeteaba.

Siguiendo los pasos de la *lectio*, dedica entre ocho y diez minutos en silencio a meditar, orar y contemplar el siguiente pasaje:

> "Pero él me dijo: «Mi gracia te basta, que mi fuerza se realiza en la flaqueza». Por tanto, con sumo gusto seguiré gloriándome sobre todo en mis flaquezas, para que habite en mí la fuerza de Cristo" (2 Cor 12:9).

Amigo y amiga, ¿qué acción o acciones vas a emprender hoy para poner en práctica este mensaje?

Día 4: El ministerio en Corinto (12:11–21)

Pablo hace un resumen de lo que los corintios lo han forzado hacer. Lo han hecho hablar como un loco, como un necio. Afirma rotundamente que en nada es inferior a esos predicadores, falsos apóstoles. Pablo lamenta haber tenido que defenderse cuando son los mismos corintios los que debieron haberlo defendido. Les recuerda que la marca del verdadero apóstol se vio en el trabajo que realizó en medio de ellos, anunciándoles la cruz de Cristo, su muerte y su resurrección. ¡Les pide perdón por no haber sido una carga económica para ellos! Pablo no les costó ni un centavo, en cambio los falsos predicadores sí que le costaron a la comunidad. Por último, les dice que no busca sus bienes materiales, sino a ellos. Tal como el padre ahorra para sus hijos y no los hijos para los padres, así los quiere Pablo. Pablo los quiere con el amor de Cristo mismo.

Lectio divina

Siguiendo los pasos de la *lectio*, dedica entre ocho y diez minutos en silencio a meditar, orar y contemplar el siguiente pasaje:

> "No les seré gravoso, pues no busco sus cosas sino a ustedes. Efectivamente, no corresponde a los hijos ahorrar para los padres, sino a los padres ahorrar para los hijos" (2 Cor 12:14).

Amigo y amiga, ¿qué acción o acciones vas a emprender hoy para poner en práctica este mensaje?

Día 5: Últimas exhortaciones y saludos finales (13:1–13:13)

Pablo se verá forzado a hacer una demostración de su liderazgo. Lo va a hacer porque aparentemente los corintios piensan que es débil. La próxima vez que los visite entablará un juicio. Sin embargo, Pablo les ofrece la posibilidad de evitar dictar tal juicio si, haciendo un examen de sus conciencias, dan señales de haberse convertido. Pablo les dice que pide a Dios que ellos no hagan nada malo para que de esa manera obren el bien. Por último, Pablo confiesa que se alegra de ser débil con tal de que ellos sean fuertes ya que él quiere que los miembros de esta comunidad lleguen a ser perfectos como Dios. Se despide de todos con el saludo de la paz y armonía. Pablo saluda haciendo la invocación trinitaria, esto es, que la gracia del Señor Jesucristo, el amor de Dios y la comunión del Espíritu Santo estén con todos ellos.

Lectio divina

Siguiendo los pasos de la *lectio*, dedica entre ocho y diez minutos en silencio a meditar, orar y contemplar el siguiente pasaje:

"Por lo demás, hermanos, alégrense; sean perfectos, anímense; tengan un mismo sentir; vivan en paz, y el Dios del amor y de la paz estará con ustedes" (2 Cor 13:11).

Amigo y amiga, ¿qué acción o acciones vas a emprender hoy para poner en práctica este mensaje?

Preguntas de reflexión:

1. ¿Qué has aprendido de la manera en que Pablo responde a los falsos apóstoles? ¿Crees que en la actualidad el discurso de locura de Pablo sería efectivo? ¿Por qué sí o por qué no?

2. Pablo habla de las grandes penas que ha pasado por la causa del Evangelio y por su amor a Cristo. ¿Has pasado por situaciones similares, no tanto en el aspecto físico, sino en el emocional?

3. Pablo habla sobre sus experiencias espirituales de manera muy breve. ¿Has compartido momentos intensos de tu vida espiritual con otras personas? ¿Crees que es importante compartir este tipo de experiencias con otros? ¿Por qué sí y por qué no?

4. Pablo le pide perdón a los corintios por no haberles cobrado por sus servicios como apóstol. ¿Qué nos enseña esta actitud de Pablo? ¿Conoces a algún predicador/evangelizador en la actualidad que haga lo que Pablo hizo, es decir, no cobrar por sus servicios?

LECCIÓN 10

Tener los mismos sentimientos de Cristo

FILIPENSES 1–4

"Sin buscar el propio interés sino el de los demás. Tengan entre ustedes los mismos sentimientos que Cristo: El cual, siendo de condición divina, no codició el ser igual a Dios" (Flp 2:4–6).

Oración inicial (ver la página 17)

Contexto

Parte 1: 1:1–2:18: Pablo escribe su carta a los filipenses con gran afecto y cariño. El tono de la carta es personal. Esto se debe a la buena relación que existía entre la comunidad de los filipenses y Pablo; en esta comunidad los problemas no eran tan graves como en las otras comunidades fundadas por Pablo. Pablo los saluda y da gracias a Dios por todos ellos. Les dice que les escribe desde la prisión, lo que él considera incluso una oportunidad para predicar la Buena Nueva. Admite querer ya dejar este mundo para estar con Dios, pero reconoce al mismo tiempo que si es la voluntad de Dios que el permanezca ahí, él acata esa voluntad en obediencia. Pablo exhorta a la comunidad a permanecer firme en la fe y pide a los filipenses que tengan los mismos sentimientos que Cristo. A través de un antiguo himno litúrgico, habla sobre cómo Cristo se despojó de sí mismo y aceptó la condición humana hasta la muerte de cruz. Y por esto Dios lo exaltó para que todos se arrodillen y proclamen su nombre.

Parte 2: 2:19–4:23: Pablo envía a Timoteo para que los visite y le dé un reporte de lo que sucede en Filipos. También les envía a Epafrodito cuya enfermedad era motivo de preocupación entre los filipenses. Pablo los pone alerta sobre los falsos maestros que están enseñando doctrinas equivocadas. Algunos acusan a Pablo de menospreciar al Judaísmo, pero él se defiende explicando las rígidas costumbres que antes observaba, pero que ahora las considera como nada comparadas con la excelencia del conocimiento de Cristo. Está dispuesto a perderlo todo por Cristo y anima a los filipenses a que lo imiten en esto. Por último, Pablo pide a los filipenses que vivan con armonía y gozo. Pablo les da las gracias por todo su apoyo y envía saludos de parte de él y de sus compañeros.

ESTUDIO EN GRUPO (FLP 1:1–2:18)

Leer 1:1–2:18 en voz alta.

1:1–11: Saludo y acción de gracias

Pablo se presenta como el siervo de Cristo Jesús, junto con Timoteo, a todos los filipenses. Se dirige tanto a los fieles como a los líderes de la comunidad, esto es, a los presbíteros y diáconos. Les desea la gracia y la paz de Dios y del Señor Jesucristo. Les dice que siempre que pide algo por ellos, lo hace con gran alegría. Pablo está contento porque desde el primer día han colaborado con él en la difusión de la Buena Nueva. Confiesa que los lleva siempre en el corazón porque participan con él de las mismas bendiciones, ya sea desde la prisión o en la confirmación del Evangelio. Les pide de todo corazón que el amor que tienen unos por otros siga creciendo en conocimiento y buen juicio. Solo de esta manera llegarán puros al día de Cristo.

1:12–30: Prisionero por Cristo

A pesar de que Pablo está en la prisión, se alegra y está lleno de gozo. Paradójicamente, desde la prisión le han brindado una plataforma inesperada para la predicación de la Buena Nueva. Toda persona que Pablo encuentra, es otra oportunidad más de anunciar a Cristo. Lo que le ha sucedido, curiosamente, le ha servido para lograr una mayor difusión del Evangelio. Pablo dice que todos en el palacio, tanto los soldados como otras personas que saben que está preso, han cobrado valor para anunciar el mensaje con mayor audacia. Pablo aclara que algunos anuncian la Buena Nueva por envidia y espíritu polémico, pero otros lo hacen con buena voluntad. Lo importante, a final de cuentas, es que el mensaje de la Buena Nueva está siendo proclamado. El hecho de que Cristo es anunciado, es motivo de alegría para él.

Pablo también les dice que espera y confía en no desanimarse. Está completamente seguro de que ahora y siempre, ya sea que esté vivo o muerto, Cristo será glorificado en su persona. Pablo afirma con la más absoluta convicción que para él la vida es Cristo y morir, una ganancia. Él desea morir para estar con Cristo ya que es mucho mejor; pero es necesario que él siga viviendo para el bien de los filipenses. Por último, les pide que no se dejen asustar en nada por sus adversarios. Les recuerda que han recibido la gracia de creer en Cristo y de padecer con él. Están en la misma pelea que Pablo.

2:1–18: Amor cristiano y humildad de Cristo

Pablo nos presenta su gran exhortación a la caridad y a la humildad, signos del amor de Cristo Jesús por todos nosotros. El amor y la humildad van de la mano y ambos son el antídoto contra el egoísmo y la soberbia. El amor y la humildad fortalecen los lazos de unión entre los hermanos y de esta manera el cariño y la comunión pueden florecer. Pablo les presenta un antiguo himno litúrgico. Según los biblistas, Pablo recoge este himno en honor a Cristo, de la tradición que ha recibido y le hace algunos retoques para que el mensaje sea más explícito sobre lo que es la verdadera adoración a Jesucristo.

El contenido y la forma externa de este himno cristológico siguen el esquema humillación–exaltación. Este esquema de humillación–exaltación es explicado por Pablo a través de un proceso de descenso–ascenso. En este proceso, Pablo habla de la pre-existencia de Jesucristo y su estado de igualdad con Dios Padre eterno. El Hijo al encarnarse toma la condición de esclavo; se despoja de sí mismo, es decir, se vacía completamente de lo que es y siempre ha sido para de esa manera identificarse con la condición humana. Cristo nos muestra lo que es el verdadero acatamiento de la voluntad de Dios. Mediante su encarnación, Jesucristo, ya que comparte de nuestra naturaleza humana, es obediente al Padre en todo, incluso hasta la muerte de cruz. Por medio de esta muerte en la cruz, Cristo puede ser exaltado por la acción soberana de Dios en Él.

Pablo nos pide que tengamos los mismos sentimientos –la misma mente– de Cristo Jesús. La vida de Cristo Jesús es el modelo de vida para todos nosotros. Es necesario vaciarnos de nosotros mismos y tomar esa condición de siervos y ser obedientes hasta el punto de morir a nosotros mismos en la cruz. Si morimos en la cruz con Cristo, seremos exaltados, ya que gozaremos de la misma resurrección de Cristo Jesús. ¿Qué significa todo esto? Hay que ser siempre obedientes a Dios, sin protestar ni discutir. De esta manera seremos hijos de Dios sin mancha.

Preguntas de reflexión:

1. Pablo admite que estar en prisión es una gran oportunidad para anunciar la Buena Nueva. ¿De qué maneras puede este testimonio de Pablo animar la actividad pastoral de la Iglesia? ¿Has visitado a los encarcelados? ¿Te preocupas por el bienestar de aquellos que se encuentran prisioneros espiritualmente? Si es así, ¿de qué manera?

2. Pablo nos invita a tener los mismos sentimientos de Cristo Jesús. ¿De qué manera muestras dentro de tu comunidad y familia tener los mismos sentimientos que Cristo Jesús?

Oración final (ver página 17)

Decir la oración final antes o después del ejercicio de *lectio divina*.

Lectio divina (ver página 9)

Relaja tu cuerpo y mantén una postura de oración (sentado, ojos cerrados, ambos pies en el piso). Este ejercicio puede tomar el tiempo que sea necesario. En el contexto de este estudio de Biblia, de diez a veinte minutos son suficientes. El propósito de la *lectio divina* es ayudarte a entrar en la dinámica de la oración y contemplación de la Palabra de Dios, que puedas entablar un diálogo con Dios en lo más íntimo de tu corazón. Ve la página 9 para más instrucciones.

Prisionero por Cristo (1:12–30)

Lectura: Amigo y amiga, a pesar de que Pablo está en prisión, se alegra y está lleno de gozo. Desde la prisión le han brindado una plataforma inesperada para la predicación de la Buena Nueva. Toda persona a la que Pablo encuentra, es una nueva oportunidad para anunciar a Cristo. Lo que le ha sucedido a Pablo, le ha ayudado para lograr una mayor difusión del Evangelio. Pablo afirma con la más absoluta convicción que para él la vida es Cristo y morir una ganancia. Desea morir para estar con Cristo ya que eso es mucho mejor; pero es necesario que él siga viviendo para el bien de los filipenses.

Meditación: ¿Qué te dice a ti el texto bíblico en este día? Permite al Señor que te examine por medio de su Palabra escrita, no son palabras del pasado sino del presente. En este momento de tu vida personal, ¿en qué etapa te encuentras? Para Pablo morir es ganancia, ¿y para ti lo es también? ¿Desearías morir en este momento para ya estar con Cristo? Para el cristiano la vida es Cristo y morir, una ganancia. ¿Es acaso esta la actitud de todos los cristianos? Comparte con los demás en tu grupo cómo esta visión de Pablo te habla a ti en este momento.

Oración: Después de meditar y compartir tus reflexiones, ¿qué le vas a decir al Señor como respuesta a su Palabra? Guarda unos momentos de silencio para que la Palabra de Dios entre en tu corazón y en tu mente.

Contemplación: ¿Qué conversión de la mente, del corazón y de tu vida te pide el Señor? Amigo y amiga, ¡dale tu mente, tu corazón y tu vida al Señor! Solo Él sabe lo que hay en tu corazón, ¡no tengas miedo! **Amigo y amiga, ¿qué acción o acciones vas a emprender hoy para poner en práctica este mensaje?**

Amor cristiano y humildad de Cristo (2:1-18)

Lectura: Amigo y amiga, Pablo nos presenta su gran exhortación a la caridad y a la humildad, signos del amor de Cristo Jesús por nosotros. El amor y la humildad van de la mano y ambos son el antídoto contra el egoísmo y la soberbia. El amor y la humildad fortalecen los lazos de unión entre los hermanos y de esta manera el cariño y la comunión pueden florecer. Pablo les presenta un antiguo himno litúrgico. El contenido y la forma externa de este himno cristológico siguen el esquema humillación–exaltación. Este esquema de humillación–exaltación es explicado por Pablo a través de un proceso de descenso–ascenso. Mediante su encarnación, Jesucristo que comparte nuestra naturaleza humana, es obediente al Padre en todo, incluso hasta la muerte de cruz. Por medio de esta muerte en la cruz, Cristo puede ser exaltado por la acción soberana de Dios en él.

Meditación: ¿Qué te dice el texto bíblico en este día? Este precioso texto nos invita a hacer una severa autocrítica de nuestra vida como cristianos. Amigo, amiga, ¿qué tanto amas y te humillas en Cristo? Muchas veces, lo más fácil es dar brochazos de amor y humillación personal en la vida pública. Sin embargo, Dios nos pide que pintemos nuestro cuarto interior de amor y humildad. Y de igual manera pintemos de amor y humildad nuestro exterior. En este momento de la meditación, dialoga con tus compañeros sobre cómo este texto toca tu corazón.

Oración: Después de haber compartido tus reflexiones con los demás, ¿qué le vas a decir al Señor como respuesta a su Palabra? Guarden un momento de silencio y después todos juntos oren:

Señor Jesucristo, imagen visible del Dios Creador,
Tú descendiste de tu condición divina para grabar tu rostro en nosotros.
Ven en nuestro auxilio en los momentos de duda y temor;
ven a socorrernos, cuando todo parece estar perdido;
ven, ayúdanos a vivir una vida de amor incondicional;
ven, ayúdanos a vivir una vida de humildad.
Señor Jesucristo, ayuda nuestra fe. Amén.

Contemplación: ¿Qué conversión de la mente, del corazón y de tu vida te pide el Señor? Amigo y amiga, ¡dale tu mente, tu corazón y tu vida al Señor! Solo Él sabe lo que hay en tu corazón, ¡no tengas miedo!

Amigo y amiga, ¿qué acción o acciones vas a emprender hoy para poner en práctica este mensaje?

ESTUDIO PERSONAL (FLP 2:19–4:23)

Día 1: Timoteo y Epafrodito (2:19–30)

Pablo nos proporciona una muy breve, pero profunda descripción de Timoteo. Pablo admite que no hay nadie que se le iguale en su profunda preocupación por ellos. Timoteo ha estado al lado de Pablo durante el anuncio de la Buena Nueva, estuvo a su servicio como un hijo con su padre. Por ello, confía en él y les promete enviarlo muy pronto. Por otra parte, Pablo les dice que va a enviarles a Epafrodito, a quien considera su hermano, colaborador y hasta camarada suyo. Epafrodito tiene deseos de verlos y está alegre de que se hayan preocupado por su enfermedad. Pablo pide a los filipenses que lo reciban con mucha alegría, ya que estuvo a punto de morir por servir a Cristo y hasta expuso su propia vida para prestarle su ayuda.

Lectio divina

Siguiendo los pasos de la *lectio*, dedica entre ocho y diez minutos en silencio a meditar, orar y contemplar el siguiente pasaje:

"Pues a nadie tengo que se le iguale en la sincera preocupación por los intereses de ustedes, ya que todos buscan su propio interés y no el de Cristo Jesús" (Flp 2:20–21).

Amigo y amiga, ¿qué acción o acciones vas a emprender hoy para poner en práctica este mensaje?

Día 2: Los méritos del cristiano (3:1–16)

Pablo utiliza lenguaje muy fuerte para mantener alerta a los filipenses. A los falsos maestros los llama perros y malos obreros. Muy probablemente Pablo se está refiriendo a los judeo-cristianos que siguen enseñando que se debe estar circuncidado para poder ser cristiano. Pablo alega que él y sus compañeros son los verdaderos circuncidados; ellos sirven a Dios en espíritu y ponen en Cristo su gloria y jamás se apoyan en méritos "corporales".

Afirma que si se trata de hablar de méritos, él sería el primero en hacerlo ya que se considera un verdadero israelita: circuncidado al octavo día, israelita de raza, de la tribu de Benjamín, hebreo hijo de hebreos, fariseo, celoso perseguidor de la Iglesia e irreprochable en el cumplimiento de la ley. Sin embargo, lo que era ganancia, ahora le parece pérdida por Cristo. Todo lo considera como una gran pérdida comparado con el bien supremo de conocer a Cristo su Señor. Pablo da todo por pérdida y lo considera basura con tal de ganar a Cristo. Lo que Pablo ansía es conocer a Cristo y sentir dentro de él el poder de su resurrección. Pablo quiere configurarse con su muerte para de esa manera alcanzar la resurrección. Él sigue en su marcha por alcanzar a Cristo.

Lectio divina

Siguiendo los pasos de la *lectio*, dedica entre ocho y diez minutos en silencio a meditar, orar y contemplar el siguiente pasaje:

"Conocerle a él, el poder de su resurrección y la comunión en sus padecimientos hecho semejante a él en la muerte, tratando de llegar a la resurrección de entre los muertos" (Flp 3:10–11).

Amigo y amiga, ¿qué acción o acciones vas a emprender hoy para poner en práctica este mensaje?

Día 3: El ejemplo de Pablo (3:17-4:1)

Pablo anima a los filipenses a que sigan su ejemplo y a que pongan sus miradas en los que siguen el ejemplo que Pablo mismo les ha dado. El apóstol afirma que muchos viven como enemigos de la cruz de Cristo; para ellos su dios es su vientre y su mente está muy apartada de lo celestial. Los enemigos de la cruz son los nuevos dioses de la riqueza obtenida por la explotación del pobre, del poder opresivo y discriminatorio, de todos los egoísmos individuales y colectivos. Pablo critica todo esto y afirma que él y sus compañeros son ciudadanos del Cielo, en donde esperan encontrar a su Señor Jesucristo. Dice que Jesucristo transformará su cuerpo mortal haciéndolo semejante al suyo, un cuerpo glorificado. Esta es la esperanza de la victoria final en Jesucristo, por eso Pablo los exhorta a seguir siendo fieles al Señor.

Lectio divina

Siguiendo los pasos de la *lectio*, dedica entre ocho y diez minutos en silencio a meditar, orar y contemplar el siguiente pasaje:

"El cual transfigurará nuestro pobre cuerpo a imagen de su cuerpo glorioso, en virtud del poder que tiene de someter a sí todas las cosas" (Flp 3:21).

Amigo y amiga, ¿qué acción o acciones vas a emprender hoy para poner en práctica este mensaje?

Día 4: Recomendaciones (4:2-9)

En esta parte de la carta, Pablo da gracias y recomendaciones a sus colaboradores en el ministerio de evangelización y catequesis. Los anima con la afirmación bíblica "sus nombres están escritos en el libro de la vida" (Ap 3:5). También los invita a que tengan siempre la alegría del Señor, "lo repito, estén alegres". Espera que la bondad de los filipenses sea reconocida por todos y les pide que no se aflijan por nada, más bien, todo aquello que pudiera afligirlos deben presentarlo a Dios en oración, pidiendo y dando gracias. Pablo les desea la paz de Dios; esa paz que supera todo lo que la mente humana puede pensar y esa misma paz cuida sus corazones y pensamientos por medio de Cristo Jesús.

Lectio divina

Siguiendo los pasos de la *lectio*, dedica entre ocho y diez minutos en silencio a meditar, orar y contemplar el siguiente pasaje:

"Todo cuanto han aprendido y recibido y oído y visto en mí, pónganlo por obra y el Dios de la paz estará con ustedes" (Flp 4:9).

Amigo y amiga, ¿qué acción o acciones vas a emprender hoy para poner en práctica este mensaje?

Día 5: Agradecimientos y saludos finales (4,10–23)

Pablo agradece a los filipenses su ayuda y la venida de un miembro de la comunidad para que lo acompañe y asista mientras está en prisión. Les agradece lo generosos que han sido con él y les recuerda que no está atado a los bienes materiales. Los bienes materiales no lo poseen a él; Pablo sabe lo que es vivir en la abundancia y en la pobreza, está acostumbrado a todo. Todo lo puede en Aquel que le da fuerzas día a día. Utiliza un lenguaje propio del culto al dar gracias a los filipenses por su ayuda económica. Lo que ha recibido lo llama ofrenda de grato aroma, sacrificio aceptable y agradable a Dios. Se despide de los filipenses con una expresión que muy probablemente ha sido tomada de la liturgia de la comunidad, "al Dios y Padre nuestro, la gloria por los siglos de los siglos. Amén" y "la gracia del Señor Jesucristo esté con su espíritu".

Lectio divina

Siguiendo los pasos de la *lectio*, dedica entre ocho y diez minutos en silencio a meditar, orar y contemplar el siguiente pasaje:

"Sé andar escaso y sobrado. Estoy acostumbrado a todo y en todo: a la saciedad y al hambre; a la abundancia y a la privación. Todo lo puedo con Aquel que me da fuerzas" (Flp 4:12–13).

Preguntas de reflexión:

1. Pablo afirma que todo lo considera como una gran pérdida comparado con el bien supremo de conocer a Cristo su Señor. ¿Te has sentido igual que Pablo alguna vez? ¿De qué manera práctica muestras que todo es una gran pérdida comparado con el bien supremo de conocer a Cristo? ¿Conoces a personas en tu comunidad o familia que vivan de esta manera?

2. Pablo les dice a los filipenses que sigan su ejemplo. ¿De qué manera tratas de seguir el ejemplo de Pablo? ¿Podrías hacer la misma invitación que hace Pablo a los filipenses, la invitación a que sigan tu ejemplo? ¿Por qué sí o por qué no?

3. Pablo sabe lo que es vivir en abundancia y en pobreza. ¿Podrías decir lo mismo? ¿Te has abandonado en algún momento de tu vida a la voluntad de Dios, como hizo Pablo? Si es así, ¿cómo?

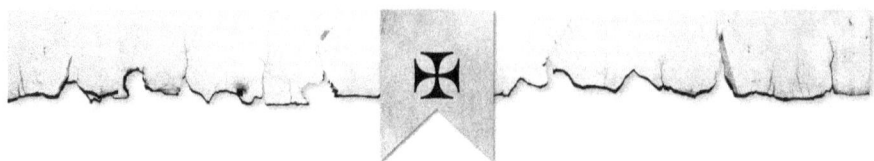

Acerca de los autores

El **P. William A. Anderson, DMin PhD,** es sacerdote de la diócesis de Wheeling-Charleston, Virginia del Oeste, director de retiros y misiones parroquiales, profesor, catequista y director espiritual. También fue párroco. Ha escrito numerosas obras sobre pastoral, temas espirituales y religiosos.

El P. Anderson obtuvo el doctorado en Ministerio por la Universidad y Seminario de Santa María de Baltimore y el doctorado en Teología Sagrada por la Universidad Duquesne de Pittsburgh.

Juan Rendón, mexicano de nacimiento, vivió en Houston durante muchos años, donde obtuvo su maestría en estudios de pastoral y teología en la Universidad de Santo Tomás. Juan también ha colaborado como Instructor Adjunto en la Diócesis de Dallas, como facilitador de cursos en el Instituto de Iniciativas Pastorales de la Universidad de Dayton y como Director de Educación Aplicada en el Seminario de la Santísima Trinidad. También tiene más de ocho años de experiencia pastoral durante la cual sirvió como coordinador de la Liturgia Juvenil en la Catedral de La Inmaculada Concepción en Tyler, Texas, y Director de La Fe en la parroquia de Nuestra Señora del Perpetuo Socorro en Dallas. Actualmente es Director de la Formación Permanente de Diáconos de la Diócesis de Fort Worth.

9 780764 823848